指向核心素养的
小学数学
教学探索与实践

刘静娴　姚　畅　著

吉林教育出版社

图书在版编目（CIP）数据

指向核心素养的小学数学教学探索与实践／刘静娴，
姚畅著 . — 长春：吉林教育出版社，2021.11

ISBN 978-7-5734-0335-3

Ⅰ.①指… Ⅱ.①刘… ②姚… Ⅲ.①小学数学课—
教学研究 Ⅳ.①G623.502

中国版本图书馆CIP数据核字（2021）第221802号

指向核心素养的小学数学教学探索与实践　　　　　　　　　　　刘静娴　姚　畅　**著**

责任编辑　黄志勇　　　　　　　　　　　　　　　　　　**装帧设计**　言之凿

出版	吉林教育出版社（长春市同志街1991号　　邮编　130021）
发行	吉林教育出版社
印刷	北京政采印刷服务有限公司

开本	787毫米×1092毫米　1/16	**印张**	17.25	**字数**	300千字
版次	2022年4月第1版	**印次**	2022年4月第1次印刷		

书号　ISBN 978-7-5734-0335-3

定价　45.00元

序 言
PREFACE

核心素养和小学数学核心素养

当下，人类的一只脚已经踏入"信息智能文明"时代，智本将超越资本成为第一生产要素。所谓"智本"并非是知识的简单堆砌和常速积累，而是对知识及信息的主动且高效的获取、整合、转化、再创造的能力——学习力。

那么，作为教师，我们教学的正确方向在哪里？2014年教育部印发《关于全面深化课程改革 落实立德树人根本任务的意见》，提出"各级各类学校要从实际情况和学生特点出发，把核心素养和学业质量要求落实到各学科教学中"。核心素养成为"后课改"时代的靶心。关于何为核心素养，目前尚未形成明确的、统一的解释。下面是《中国教育学刊》上发布的核心素养研究课题组对核心素养的阐释。

核心素养，主要指学生应具备的，能够适应终身发展和社会发展需要的必备品格和关键能力。学生的核心素养以"全面发展的人"为核心，分为文化基础、自主发展、社会参与三个方面，包括人文底蕴、科学精神、学会学习、健康生活、责任担当、实践创新六大素养。具体如下图所示。

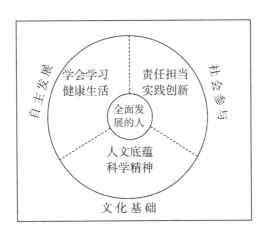

一、文化基础

文化是人存在的根和魂。文化基础，重在强调习得人文、科学等领域的知识和技能，掌握和运用人类优秀智慧成果，涵养内在精神，追求真善美的统一，使自己成为有坚实文化基础、有更高精神追求的人。

1. 人文底蕴

人文底蕴主要是指学生在学习、理解、运用人文领域知识和技能等方面所形成的基本能力、情感态度和价值取向，具体包括人文积淀、人文情怀和审美情趣等基本要点。

2. 科学精神

科学精神主要是指学生在学习、理解、运用科学知识和技能等方面所形成的价值标准、思维方式和行为表现，具体包括理性思维、批判质疑、勇于探究等基本要点。

二、自主发展

自主性是人作为主体的根本属性。自主发展，重在强调有效管理自己的学习和生活，认识和发现自我价值，发掘自身潜力，有效应对复杂多变的环境，成就出彩人生，使自己发展成为有明确人生方向、有生活品质的人。

1. 学会学习

学会学习主要是指学生在学习意识形成、学习方式方法选择、学习进程评估调控等方面的综合表现，具体包括乐学善学、勤于反思、信息意识等基本要点。

2. 健康生活

健康生活主要是指学生在认识自我、发展身心、规划人生等方面的综合表现，具体包括珍爱生命、健全人格、自我管理等基本要点。

三、社会参与

社会性是人的本质属性。社会参与，重在强调处理好自我与社会的关系，养成现代公民所必须遵守和履行的道德准则和行为规范，增强社会责任感，提升创新精神和实践能力，促进个人价值实现，推动社会发展进步，使自己发展成为有理想信念、敢于担当的人。

1. 责任担当

责任担当主要是指学生在处理与社会、国家、国际等关系方面所形成的情感态度、价值取向和行为方式，具体包括社会责任、国家认同、国际理解等基本要点。

2. 实践创新

实践创新主要是指学生在日常活动、问题解决、适应挑战等方面所形成的实践能力、创新意识和行为表现，具体包括劳动意识、问题解决、技术应用等基本要点。

《义务教育数学课程标准（2011年版）》明确提出了10个核心素养，即数感、符号意识、空间观念、几何直观、数据分析观念、运算能力、推理能力、模型思想、应用意识和创新意识。《义务教育数学课程标准（2011年版）解读》等一些材料曾把这些称为核心概念，但严格来讲，称这些词为"概念"并不合适，它们是思想、方法或者关于数学的整体理解与把握，是学生数学素养的表现。

数学核心素养可以理解为学生学习数学应当具有的有特定意义的综合性能力。核心素养不是指具体的知识与技能，也不是一般意义上的数学能力。核心素养基于数学知识和技能，又高于具体的数学知识和技能。核心素养反映数学本质与数学思想，是在数学学习过程中形成的，具有综合性、整体性和持久性等特点。数学核心素养与数学课程的目标和内容直接相关，对于理解数学学科本质、设计数学教学，以及开展数学评价等有重要的意义和价值。

一般认为，素养与知识（或认知）、能力（或技能）、态度（或情意）等概念的不同在于，它强调知识、能力、态度的统整，超越了长期以来知识与能力二元对立的思维方式，凸显了情感、态度、价值观的重要，强调了人的反省思考及行动与学习。数学素养是指当前或未来的生活中为满足个人成为一个会关心、会思考的公民需要而具备的认识；理解数学在自然、社会生活中的地位和作用，做出数学判断以及参与数学活动的能力。

可见，数学素养是人们通过数学的学习建立起来的认识、理解和处理周围事物时所具备的品质，通常是在人们与周围环境产生相互作用时所表现出来的思考方式和解决问题的策略。人们所遇到的问题可能是数学问题，也可能不是明显的和直接的数学问题。具备数学素养可以从数学的角度看待问题，可以用数学的思维方法思考问题，可以用数学的方法解决问题。

例如，人们在超市购物时常常遇到这样的情境，收银台前排了长长的队等待结账，只买一两样东西的人也同样和买一车东西的人一起排队等候。有位数学家马上想到，能否考虑给买东西少的人单独设一个出口，这样可以免去这些人长时间的等候，会大大提高效率。那么问题就出现了，什么叫买东西少，1件、2件、3件或4件，上限是多少？因此，会想到用统计的方法，收集不同时段买不同件数东西人的数量，这个数据可以帮助人们做出判断。这样的情境反映了具有一定的数学素养有助于帮助人们提出问题和解决问题。具有数感的人会有意识地把一些事情与数和数量建立起联系，认识到排队结账这件事中有数学问题，人们买东西的数量（个数）与结账的速度有关系，并且买很少的东西也需要排很长时间队，一方面会显得交款处排很长的队，另一方面这些只买很少东西的人在心理上会产生焦虑。而解决这个问题就需要数据分析观念，用具体的数据说话会有说服力地解决这个问题。通过这个例子我们可以了解到，具备数学素养可能有助于人们在具体的情境中发现问题、提出问题和解决问题。而这个情境本身可能并非有明显的数学问题。

基于以上分析和思考，我们基本可回答"我们到底为何而教？"这个问题了：我们教师必须为培养学生的核心素养而教，也就是为发展学生的心智而教，或者说是为发展学生的学习力而教，为学生学会认识自己、管理自己、发展自己而教！这就是我们撰写此书的意义所在，在这一过程中，刘静娴撰写20万字，姚畅撰写10万字。由于水平有限，书稿中可能存在不足之处，欢迎广大读者给我们提出宝贵意见。

前 言

FOREWORD

　　数学核心素养的培养是课程改革要求具体落实与实践的，对学生的个性发展及适应社会需求具有重要意义。当今教育发展要求将小学课程的焦点放在学生学科核心素养的培养上。因此，我们结合当前数学教学中存在的问题，通过对小学数学核心素养培养的途径与策略、现代信息技术与小学数学深度融合的路径和策略研究，依据小学数学的实际情况以及学生自身的特点，借鉴国内外先进的核心素养培养策略，积极拓宽思路，大胆创新：努力把握数学教学的整体性、联系性，引导学生探索归纳；正视学生学习需求，融合数学文化；采用形象化手段，培养学生的数学思维；让学生参与数学活动，提高其应用数学的自觉性。我们将核心素养的培养作为数学教学的灵魂，让学生积极参与到数学课堂中，培养学生的数学人文、数学意识、数学思想，使学生在理解并且熟练应用数学概念及定律等基础知识的基础上，提升数学技能，积累数学活动经验，形成数学独特的思维方式和价值观念，最终影响学生的终身发展，为学生适应社会生活奠定基础。

　　本书以研究的两个课题《山区小学生数学核心素养培养的途径与策略研究》和《现代信息技术与小学数学教学深度融合的实验研究》为载体，通过沉入课堂的扎实行动，取得了令人欣喜的成果。鉴于小学生数学核心素养培养的途径、策略和现代信息技术与小学数学深度融合的路径、策略都指向数学核心素养提升的教学，因此，将其整合为《指向核心素养的小学数学教学探索与实践》这本成果集。本书融汇了作者的教育教学智慧，彰显了先进的教学理念，力求帮助山区一线教师在教学中有实例可借鉴，有方法可参考，给他们以实实在在的启发，从而引领农村素质教育向更深处迈进，在教育科研的道路上实现教与研的双丰收！

目 录
CONTENTS

第一章 指向核心素养的课题建设·· 1

第一节 平远县山区小学数学核心素养调查问卷分析报告（师生） ········· 2

第二节 《山区小学生数学核心素养培养的途径与策略研究》开题报告······14

第三节 《山区小学生数学核心素养培养的途径与策略研究》研究报告······21

第四节 《现代信息技术与小学数学教学深度融合的实验研究》开题报告···38

第五节 《现代信息技术与小学数学教学深度融合的实验研究》结题报告···45

第二章 指向核心素养的策略建设······································· 63

第一节 指向核心素养的科研成果 ··63

"五度"聚焦，让学习深度发生 ··64

有序推进，让概念建构深度发生 ··71

指向核心素养的数与代数基本活动经验形成路径 ·······················83

关注数学思维 培养核心素养 ··92

素养导向下的深度学习 ···98

培养发散思维 落实核心素养 ···108

指向数学核心素养的学生运算能力培养 ·······························111

基于学生已有经验教学"综合与实践" ································116

引发需要 经历过程 ···121

从"有用"走向"有效" ···125

以信息技术为载体 培养学生思维力 ·································130

让学生的数学素养在课堂上生根 ⋯⋯⋯⋯⋯⋯⋯⋯⋯⋯ 132

让数学的本源在课堂尽情起舞 ⋯⋯⋯⋯⋯⋯⋯⋯⋯⋯⋯ 137

淡妆浓抹总相宜 ⋯⋯⋯⋯⋯⋯⋯⋯⋯⋯⋯⋯⋯⋯⋯⋯⋯ 141

架起数学与生活的桥梁，体验数学与生活同在 ⋯⋯⋯⋯ 146

手抄报：让数学的思维看得见 ⋯⋯⋯⋯⋯⋯⋯⋯⋯⋯⋯ 148

小学数学作业讲评新尝试 ⋯⋯⋯⋯⋯⋯⋯⋯⋯⋯⋯⋯⋯ 153

基于小组合作学习技巧方面的思考 ⋯⋯⋯⋯⋯⋯⋯⋯⋯ 158

第二节 指向核心素养的教学实践 ⋯⋯⋯⋯⋯⋯⋯⋯⋯⋯ 161

活动中体验 应用中拓展 ⋯⋯⋯⋯⋯⋯⋯⋯⋯⋯⋯⋯⋯ 161

核心素养从"浸润"中来 ⋯⋯⋯⋯⋯⋯⋯⋯⋯⋯⋯⋯⋯ 166

操作·体验·比较 ⋯⋯⋯⋯⋯⋯⋯⋯⋯⋯⋯⋯⋯⋯⋯⋯ 171

以信息技术为载体，提升数学核心素养 ⋯⋯⋯⋯⋯⋯⋯ 180

渗透方程思想，培养建模意识 ⋯⋯⋯⋯⋯⋯⋯⋯⋯⋯⋯ 187

运用统计思想 提高解决新问题的能力 ⋯⋯⋯⋯⋯⋯⋯ 201

教不越位 学要到位 ⋯⋯⋯⋯⋯⋯⋯⋯⋯⋯⋯⋯⋯⋯⋯ 208

在活动中放飞思维 ⋯⋯⋯⋯⋯⋯⋯⋯⋯⋯⋯⋯⋯⋯⋯⋯ 213

在问题解决中发展空间观念 ⋯⋯⋯⋯⋯⋯⋯⋯⋯⋯⋯⋯ 219

以疑促思 以思蕴学 ⋯⋯⋯⋯⋯⋯⋯⋯⋯⋯⋯⋯⋯⋯⋯ 225

在观察中积累活动经验 ⋯⋯⋯⋯⋯⋯⋯⋯⋯⋯⋯⋯⋯⋯ 232

第三章 指向核心素养的评价建设 ⋯⋯⋯⋯⋯⋯⋯⋯ 241

第一节 小学数学核心素养与关键能力框架解读 ⋯⋯⋯ 242

第二节 核心素养视角下小学生数学空间观念的培育及评价 ⋯⋯ 247

第三节 加强科组建设 提升核心素养 ⋯⋯⋯⋯⋯⋯⋯⋯ 253

第四节 实施有效校本研究 引领青年教师专业成长 ⋯⋯ 260

后 记 ⋯⋯⋯⋯⋯⋯⋯⋯⋯⋯⋯⋯⋯⋯⋯⋯⋯⋯⋯⋯⋯ 264

第一章

指向核心素养的
课题建设

数学核心素养如何在山区的课堂落地生根？本章把问题转化成课题，围绕山区小学生数学核心素养培养的途径与策略和现代信息技术与小学数学教学深度融合的实验进行研究，通过调查问卷形成研究方案，为山区一线教师提供参考。本章是指向数学核心素养的课题引领。

第一节 平远县山区小学数学核心素养调查问卷分析报告（师生）

2019年上半年，我对广东省梅州市平远县山区的数学教师进行了核心素养的问卷调查。在本次问卷调查中，对教师是否了解十大核心素养，自己在平时的教学中是否重视对学生核心素养的培养，是否有专门的对核心素养的评价标准和体系，学生哪方面的素养亟待加强，自己应从课堂教学的哪些方面提高学生的核心素养，教师在平时的教学中注重向学生渗透哪些核心素养等问题进行调查。

在本次参与调查的74位数学教师中，有94.6%的教师对十大核心素养有一定的了解，但了解得不透彻，有18.9%的教师不重视学生核心素养的培养，有89.2%的教师认为学生的核心素养发展状况一般，甚至较差，亟待加强的数学素养是学生的运算能力、推理能力、空间观念。教师认为课堂教学对发展学生核心素养有影响，多数教师认为影响很大，但在实际的教学中只有13.5%的教师每节课都会对核心素养进行渗透，有56.8%的教师偶尔会对核心素养进行渗透，有18.9%的教师平时根本没有意识到对学生进行核心素养的培养。参与调查的91.9%的教师认为当前没有针对学生的核心素养的评价标准和体系，94.6%的教师认为有必要建立学生核心素养评价标准和评价体系。

2019年下半年，我对平远县山区学校的学生进行了实验前的"小学生数学基本核心素养"的现状摸底调查，制定出小学低、中、高年级"数学素养调查问卷"，每个年段设计了20个问题，分别从空间观念、数据分析、推理能力、模型思想、运算能力等方面进行调查，每班抽取30名程度不同的学生进行答题，结束后教师阅卷，并且根据各年段学生的问卷调查情况进行分析，形成基础研究数据。

一、山区小学生核心素养现状调查统计表（表1-1）

表1-1

项目＼年级 百分率/%	低年级	中年级	高年级
对数学喜欢的程度	95	87	80
课上积极回答问题	81	72	58
课上主动提出问题	75	71	68
课上独立思考问题	63	79	89
空间观念	76	87	91
推理能力	78	83	87
运算能力	97	95	92
解决问题	52	67	81

二、初步形成的结论

（1）我通过问卷调查了解了数学教师对核心素养了解的现状（图1-1）。

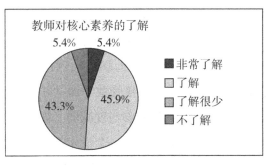

图1-1

91.9%的教师认为当前没有针对学生的核心素养的评价标准和体系，94.6%的教师认为有必要建立学生核心素养评价标准和评价体系（图1-2）。

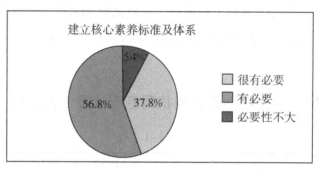

图1-2

我从这次调查中了解到，多数教师认为课堂教学可以从学生的参与性、主动性和师生互动等方面提高学生的核心素养（图1-3）。

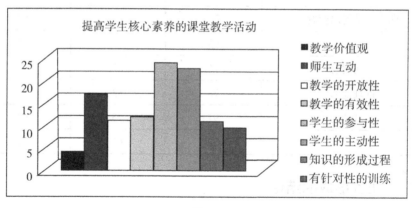

图1-3

（2）我通过问卷调查了解了学生数学核心素养的现状（图1-4）。

我通过调查问卷得出：低年级学生对数学的喜欢程度较高，喜欢的占95%，课堂上回答问题和主动提出问题的积极性也比较高，分别达到81%和75%。从这个比例来看，学生还是乐意接受数学课堂并参与学习活动的，但随着年级的升高，学生学习数学的兴趣和参与度减弱。如果教师能够关注更多的学生，并采取丰富多彩的教学方式，让每一个学生都能在课堂上有所收获，这样更符合新课改的精神，相信喜欢数学的学生会更多。

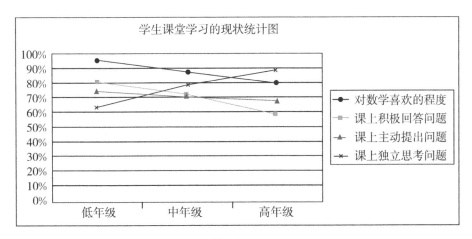

图1-4

从空间观念的调查来看，低年级正确率是76%，中年级是87%，高年级是91%。从以上数据可以看出，学生随着年龄增长和知识储备增加，加上教师在教学中注重培养学生的空间观念，所以学生的空间观念逐步提高（图1-5）。

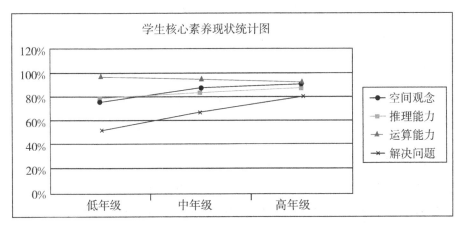

图1-5

从推理能力的调查来看，学生推理能力从低年级到高年级呈上升趋势（从78%到87%）但是学生推理能力的提高不是特别明显，这就需要教师在课堂教学中加强培养学生推理能力的意识，加强提高推理能力的教学策略研究。

从数据上可以看出，低年级运算正确率较高，达到97%，高年级运算正确率虽然是92%，但是由于年级不同，题目难度提高，实际上运算能力有所提高，所以高年级教师应注重对提高学生运算正确率的研究。

根据关于解决问题意识和能力的调查，我们不难发现，高年级学生发现并解决问题的能力比中低年级高，但是也仅仅达到81%，还有很大的提升空间。这就对教师提出了更高的要求，在课堂教学中，教师要关注并倾向于对学生解决问题能力的培养，找到合适的教学策略。

通过本次调查问卷，我们发现，目前我区小学数学教学存在"重知识轻素养"的问题，因此提升小学生数学核心素养势在必行。具体可以采取以下措施：

（1）向教师进一步渗透小学数学核心素养的内容和意义，让所有教师对小学数学十大核心素养加强了解和认识，并将十大核心素养的培养融入自己的教学工作。

（2）建立一套专门评价教师平时教学是否向学生渗透学科素养的评价体系，让教师在每一节课的教学中都能不断地向学生渗透数学学科素养。建立一套评价学生是否具有数学学科素养的评价标准，让学生不仅学到知识，还要不断提高数学核心素养。

（3）改变数学课堂教学模式，由原来的"以知识点为中心"的教学模式转变为"以核心素养为目标"的教学模式。

附1：

平远县山区小学教师数学核心素养问卷调查

学校：_____ 姓名：_____ 所在年级：_____ 从教时间：_____ 职称：_____

1. 你对小学数学核心素养了解吗？（　　　）

A. 非常了解　　　　B. 了解　　　　C. 了解很少　　　　D. 不了解

2. 你在平时的教学中对学生数学核心素养的培养重视程度如何？（　　　）

A. 很重视　　　　B. 重视　　　　C. 一般　　　　D. 不重视

3. 你认为当前学生数学核心素养发展的总体状况如何？（　　　）

A. 很好　　　　B. 较好　　　　C. 一般　　　　D. 较差

4. 你在平时的教学中注重哪些数学核心素养的渗透？（多选）（　　　）

A. 数感　　　　B. 符号意识　　　　C. 空间观念　　　　D. 几何直观

E. 数据分析观念　　　　F. 运算能力　　　　G. 推理能力

H. 应用意识　　　　　I. 创新意识　　　J. 模型思想

5. 你认为学生哪一方面的数学核心素养亟待加强？（　　　　）

A. 数感　　　　　　　B. 符号意识　　　C. 空间观念　　　　D. 几何直观

E. 数据分析观念　　　F. 运算能力　　　G. 推理能力

H. 应用意识　　　　　I. 创新意识　　　J. 模型思想

6. 你有专门针对学生的数学核心素养的评价标准和体系吗？（　　　　）

A. 有　　　　　　　　B. 很少有　　　　C. 一点都没有

7. 你认为有必要建立学生核心素养评价标准及体系并进行专门的核心素养评价吗？（　　　　）

A. 很有必要　　　　　B. 有必要　　　　C. 必要性不是太大

D. 一点必要都没有

8. 你认为课堂教学对学生发展核心素养的影响程度有多大？（　　　　）

A. 非常大　　　　　　B. 很大　　　　　C. 比较小　　　　　D. 非常小

9. 你每一节课都注重数学核心素养的渗透吗？（　　　　）

A. 每节课都有　　　　B. 有，但不是每一节都有

C. 偶尔有　　　　　　D. 平时没有注意

10. 你认为课堂教学从哪些方面能提高学生的核心素养？（多选题）（　　　　）

A. 教学价值观　　　　B. 师生交往互动　　　　　　C. 教学的开放性

D. 教学的有效性　　　E. 学生的参与性　　　　　　F. 学生的主动性

G. 知识的形成过程　　H. 有针对性的训练

附2：

平远县山区小学生数学核心素养调查问卷（中、高年级）

亲爱的同学：

本问卷旨在调查一些基本学习情况，以便我们今后能够更好地帮助你学习。请你仔细阅读每个题目，按照真实情况进行填写，调查结果仅供研究使用，谢谢你的配合！

1. 总的来说，你喜欢上数学课吗？（　　　　）

A. 特别喜欢　　　　　B. 比较喜欢

C. 没什么感觉　　　D. 特别讨厌

2. 在数学课堂上,你常用哪种学习方式?(　　　)

A. 自学辅导式:在教师的指导下,自己独立进行学习

B. 现象分析式:利用先前经验对新问题进行解释

C. 合作探究式:在教学活动中,有探究、有质疑、有小组合作

D. 传递—接受式:教师从头到尾讲解,使学生掌握足够的知识

3. 你认为哪种上课方式最有利于数学学习?(　　　)

A. 自学辅导式　　　B. 现象分析式

C. 合作探究式　　　D. 传递—接受式

4. 老师在课堂上有关注到你的学习吗?(　　　)

A. 很多　　　　　B. 比较多　　　　　C. 很少　　　　　D. 没有

5. 你会在课堂上表达自己的独特见解吗?这样的机会多不多?(　　　)

A. 会,很多　　　B. 会,很少

C. 不会,很多　　　D. 不会,很少

6. 在课堂上同学有讨论争辩吗?(　　　)

A. 很多　　　　　B. 很少　　　　　C. 从来没有

7. 你会参与课堂上的讨论和争辩吗?(　　　)

A. 很多　　　　　B. 很少

C. 几乎没有　　　D. 从来没有

8. 你对老师的问题感兴趣吗?(　　　)

A. 很感兴趣　　　B. 还可以　　　　C. 想试试　　　　D. 不感兴趣

9. 老师在一节课给的独立思考、合作探究时间,大约为多少分钟?(　　　)

A. 1~3分钟　　　B. 4~9分钟　　　C. 10分钟以上

10. 课堂上经常进行小组合作交流吗?(　　　)

A. 每节课都交流　　B. 一周3~4次　　C. 一周1~2次　　D. 很少

11. 老师会给出学习目标以便你们提前预习和复习吗?(　　　)

A. 每次都会　　　B. 经常会　　　　C. 偶尔会　　　　D. 从来不会

12. 在讲数学题时,老师会进行一题多变或一题多解吗?(　　　)

A. 总是　　　　　B. 经常　　　　　C. 偶尔　　　　　D. 从不

13. 老师布置的题目会重复吗？（　　　）

A. 总是重复　　　　　B. 经常重复　　　　　C. 不大重复

14. 你觉得上数学课累吗？（　　　）

A. 很累　　　　　B. 有点儿累　　　　　C. 不累

（以下题目高年级的做15～20，中年级的做21～26）

15. 工地运来2吨水泥，第一天用去了它的 $\frac{2}{7}$ ，第二天用去了它的 $\frac{2}{5}$ ，还剩下几分之几？（　　　）

A. $\frac{11}{35}$ 　　　　　B. $\frac{46}{35}$ 　　　　　C. 不会做

16. 3个棱长1厘米的正方体小方块排成一排，它的表面积是（　　　）平方厘米。

A. 3　　　　　B. 14　　　　　C. 不会做

17. $\frac{2}{2}$ 的6倍是（　　　）。

A. 6　　　　　B. $\frac{1}{9}$ 　　　　　C. 不会做

18. 一个正方体的玻璃鱼缸，从里面量棱长是4分米，这个鱼缸能装水多少升？求的是（　　　）。

A. 表面积　　　　　B. 容积　　　　　C. 不知道

19、有一根长0.5米的方木料，横截面的边长为2厘米，这根方木横放时占地面积有多大？求的是（　　　）。

A. 底面积　　　　　B. 体积

C. 表面积　　　　　D. 不理解

20. 你认为造成计算错误最多的原因是（　　　）。

A. 粗心　　　　　B. 公式没有记准确

C. 不会做　　　　　D. 对解题的方法技巧掌握欠缺

21. 297是9的（　　　）倍。

A. 33　　　　　B. 2673　　　　　C. 不会做

22. 是轴对称图形吗？（　　　）

A. 是　　　　　B. 不是　　　　　C. 不会做

23. 属于什么现象？（　　　）

A. 平移　　　　　　　B. 旋转　　　　　　　C. 不会做

24. 小红6分钟跑了624米，彤彤8分钟跑了816米，谁跑得快？（　　　）

A. 小红　　　　　　　B. 彤彤　　　　　　　C. 一样快

25. 两位数乘两位数的积（　　　）。

A. 是三位数　　　　　B. 是四位数　　　　　C. 可能是三位数也可能是四位数

附3：

小学生数学核心素养和课堂教学现状调查问卷（低年级）

亲爱的小朋友们：

你们好！欢迎大家参加此次的调查问卷活动。这是一份关于小学生数学核心素养和课堂教学现状的调查问卷，调查的目的是充分了解大家关于核心素养的掌握情况和课堂教学现状的一些基本情况，从而帮助大家更好地学习数学，希望你们能够支持。请同学们按照题目选择自己的真实想法，谢谢大家的合作。

1. 你喜欢上数学课吗？（　　　）

A. 非常喜欢

B. 比较喜欢

C. 不喜欢

2. 数学课堂上你是否经常举手发言？（　　　）

A. 经常

B. 偶尔

C. 从不

3. 你能很快地把新学的知识与生活中的现象联系起来吗？（　　　）

A. 能

B. 多数能

C. 有时能

D. 基本不能

4. 在日常生活中，你有用学过的数学知识来解决过问题吗？（　　　）

A. 经常

B. 有时

C. 很少

D. 基本上没有

5. 你喜欢老师用哪种方式上课？（　　　）

A. 常使用多媒体手段

B. 以讲授知识为主

C. 多组织课堂活动

6. 下面四种提问方式，老师在数学课堂上使用哪一种较多？（　　　）

A. 老师提出问题，学生一起回答

B. 老师提出问题，单个学生回答

C. 老师提出问题，师生共同解决

D. 学生提出问题，师生共同解决

7. 在课上，老师给你们独立探究数学问题的时间吗？（　　　）

A. 从来没有，都是老师在讲

B. 有时会有一些时间

C. 经常布置独立探究的时间

8. 数学课上，你通常是通过下面哪种方式来获得新知识的？（可多选）

（　　　）

A. 先听讲解，再练习巩固

B. 按照老师要求动手操作，再听老师讲解

C. 在小组里和同学一起研究

D. 用自己喜欢的方法独立研究

E. 通过看书学习

9. 在数学课上，你的老师通常使用多媒体课件干什么？（可多选）（　　　）

A. 演示数学故事

B. 出示例题和习题

C. 将我们动手操作的过程动态地演示出来

D. 展示同学们的作品

10. 你感觉每节数学课上，新知识学完之后做练习的时间怎样？（　　）

A. 时间比较长

B. 时间很短

C. 有时长有时短

11. 对待大多数学生不会做的难题，你的老师经常会怎么处理呢？（　　）

A. 多讲几遍

B. 让会做的同学讲一讲

C. 安排小组讨论

D. 先自己试一试再集体讨论交流

12. 7+3=（　　）+（　　）=（　　）+（　　），你知道填多少吗？（　　）

A. 想填多少就填多少

B. 三个式子的得数必须相等，但我不知道计算方法是什么

C. 得数等于10的两个数都行

13. 今天小亮读书，从第12页读到第17页，他今天读了多少页？（　　）

A. 6页

B. 7页

C. 5页

14. 小朋友排队照相，小丽坐在第一排，从左往右数，她是第4个，从右往左数，她是第8个。第一排一共坐了多少小朋友？（　　）

A. 12个

B. 11个

C. 13个

15. 亮亮想要数数学校门口1分钟大约通过多少辆小轿车，你认为下面哪种方法好？（　　）

A. 过一辆，数一辆

B. 用眼睛看，大概数一数

C. 用做记号的方法，分类数

16. 桌子上放着一个小熊，3个同学从各自的方向进行观察，下列选项正确

的是（　　）。

17. 一块正方形地的每条边都栽3棵树，那么一共要栽多少棵树？（　　）

A. 6棵

B. 8棵

C. 9棵

D. 12棵

18. 你通常采用下面的哪种方法解决数学难题？（多选题）（　　）

A. 画图

B. 回忆做过的

C. 找同学共同研究

D. 上网搜索答案

19. 小明和小立背对背站立，小明面向北，小立面向（　　）。

A. 东

B. 南

C. 西

D. 北

20. 6个10和8个1合起来是（　　）。

A. 68

B. 86

C. 14

第二节 《山区小学生数学核心素养 培养的途径与策略研究》开题报告

一、开题活动简况

为深化课堂教学改革，推动课题研究扎实开展，2020年9月10日，平远县东石中心小学隆重举行广东省2020年省培项目课题《山区小学生数学核心素养培养的途径与策略研究》开题报告会。

开题报告会由平远县教师发展中心的副主任、数学教研员、正高级教师钟玉坤主持，教师发展中心的数学教研员、副高级教师黄惠娟，平远县东石中心小学副校长、副高级教师林志达等几位评议专家莅临指导，课题组成员、学校骨干教师共30多人参会。

会上，首先由平远县教师发展中心钟玉坤副主任宣读课题立项通知书，然后由课题主持人刘静娴老师做开题报告。报告提出小学生数学核心素养的培养就是要让学生获得适应未来社会生活和进一步发展所必需的重要数学知识及基本的数学思维方法和必要的应用技能，帮助学生用数学的方式去思考问题，用数学的方法解决问题，用数学的视角去认识世界，了解数学的价值，增进学生对数学的理解和加强学生学好数学的信心。

教师发展中心的数学教研员黄惠娟老师就省培立项课题研究提出几点意见：一是增强教育科研责任意识，扎实做好研究工作。强调重视、优化研究的过程，切实把研究工作落实到行动中，扎实开展研究工作，注意经常进行总结和反思，提升效果。二是把开展课题研究和教育教学工作紧密结合起来，切实发挥课题实施对学校发展的促进作用，注意把握研究方向，不出现偏离。三是加强学习和教学反思，提高自身的理论素养，促进专业化发展，团结协作，紧密配合，圆满完成此课题的研究。

最后林志达副校长就如何有效地开展课题研究提出指导性意见：当今社会，教师要与时俱进，更新教学理念，进行课题研究；课题研究要结合实际，不能纸上谈兵，要遵循小学数学学科的特点；教学要讲究方法，能让学生接受的、能激发学生兴趣的教法就是好方法。他用大量生动的，有思想深度的事例给课题组成员上了一堂高水平的指导课。最后他希望大家结合我县山区教学实际，围绕学科教学的热点、难点问题，积极开展实用、有效的教学研究，不断创新教研方式，以研促教，真正实现课堂教学的高效低耗。

会后，课题组成员对课题研究的进程、存在的问题进行了讨论，期待通过对这一课题的研究，改变当前我县山区小学数学教学"重知识，轻素养"的现状，将提升小学生数学核心素养落实到日常教学当中，从而全面贯彻落实《义务教育数学课程标准（2011年版）》，促进全县小学数学教学均衡发展，真正为学生的终身发展奠定基础。课题组成员纷纷表示将积极投入课题的研究，不断实践，勇于创新，加强总结反思，注重学生素质的全面发展，尽可能提升课题研究的价值，促使我县教育教学再上新台阶。课题组会定期召开相关会议，明确分工，做好阶段研究和总结；督促研究人员脚踏实地做好课题研究工作，保质、保量、保时完成课题研究任务；研究过程中注重做实、做细，发扬团队精神；重视研究方法的总结和应用；注意研究过程中的资料积存。

二、开题报告要点

（1）本课题研究题目：山区小学生数学核心素养培养的途径与策略研究。

（2）研究的内容和方法。

①背景和意义。

随着科学技术的迅猛发展，人们对数学教育的需求已不仅仅满足于获取知识，更多的是关注运用数学知识解决生活中的实际问题的能力和自身数学素养的提高。小学数学作为基础教育，更应该注重小学生数学综合素养的提高。小学生数学核心素养的培养就是要让学生获得适应未来社会生活和进一步发展所必需的重要数学知识、基本的数学思维方法和必要的应用技能。

②本课题研究拟达到的目标。

开展为期半年的预研究，做出课题的理论假设，设计教学策略、教学模式和基本课型，然后按照设计开展系统的教学实践活动以验证假设，并根据实践的效果修正假设和设计，再进行进一步的教学实践验证，如此循环往复。

③研究的方法。

调查法、文献研究法、实验研究法、行动研究法、案例研究法及经验总结法。

④技术路线。

课题准备阶段：主要采用调查法和文献研究法等，从多个角度收集资料，分析教师教学行为特征，找准突破口；通过对国内外相关研究的学术史梳理或综述，对已有的、相关的、具有代表性的成果及观点进行分析评价，发现进一步探讨、发展或突破的空间，以及本选题相对于已有研究的独到价值和意义。

课题实施阶段：拟采用的具体研究方法见表1-2。

表1-2

小学数学核心素养的教学改革研究	1.实验研究 沿着"做出假设，开展学科教育教学实践，修正假设，再进行实践验证假设……"的路径进行研究。 2.行动研究 本着"边学习，边实践；边探索，边改进"的原则，在行动中反思，在反思中行动，将理论与实践、成果推广与应用有机地统一起来，进一步构建基于核心素养发展的数学学科理论体系，解决数学教育实践中的问题，促进教学改革。 3.案例研究 选择能够促进小学生数学核心素养提高的典型课例进行研究，提炼教育教学规律，形成课题研究成果。再通过"课堂教学观摩课""课题研究公开课""课题研究成果展示"等活动推广和交流研究成果，形成更多的具有典型性和可操作性的优秀教学案例。

小学数学核心素养发展的评价案例研究	依据《义务教育数学课程标准（2011年版）》，从评价案例入手，开展小学生数学核心素养教学评价研究，逐渐归纳、提炼评价指标体系，推动基于核心素养发展的小学数学教学改革向纵深方向发展。

课题总结阶段：主要采用经验总结法，选择有代表性、有典型意义的，关于发展小学生数学核心素养方面的教学案例和具体事实，从质和量两个方面对课题研究进行全方位的总结、评估及反思，并通过归纳、综合、分析与论证，使之上升为系统化、理论化的经验和规律。

（3）研究步骤及分工。

整个课题研究分为三个阶段，时间为两年，见表1-3。

表1-3

	序号	研究阶段（起止时间）	阶段成果名称	成果形式
主要阶段性成果	1	准备阶段（2020年7—10月）	理论学习	—
	2	实施阶段（2020年11月—2022年6月）	优秀教学论文汇编	论文
		实施阶段（2020年11月—2022年6月）	优秀教学案例汇编	教学设计
		实施阶段（2020年11月—2022年6月）	优秀课例	光盘
		实施阶段（2020年11月—2022年6月）	优秀学生作品集	手抄报等
	3	总结阶段（2022年6—7月）	研究报告	报告
	完成时间	最终成果名称	成果形式	预计字数
最终成果	2020年11月—2022年6月	优秀教学论文汇编	论文	2.5万
	2022年6月	研究报告	报告	0.8万

研究组织及成员分工见表1-4。

表1-4

编号	姓名	工作单位	分工
1	张晓华	梅州市平远县中行小学	课题的理论研究和指导
2	张利平	梅州市平远县长田学校	课题的理论研究和指导
3	肖桂红	梅州市平远县实验小学	策略研究和课例的研究、推广
4	刘晓娟	梅州市平远县第一小学	策略研究和课例的研究、推广
5	丘丽君	梅州市平远县第一小学	策略研究和课例的研究、推广
6	陈启林	梅州市平远县八尺小学	策略研究和课例的研究、推广
7	叶莹新	梅州市平远县东石中心小学	数据的收集和整理

（4）经费分配和预期成果。

经费分配见表1-5。

表1-5

序号	经费开支科目	金额/万元	序号	经费开支科目	金额/万元
1	资料费	0.2	5	咨询费	0.1
2	调研差旅费	0.2	6	印刷费	0.2
3	小型会议费	0.1	7	其他	0.3
4	计算机及其辅助设备购置和使用费	0.2	8	管理费	0.2
经费来源		学校经费支持和工作室经费支持			
年度预算/万元	2020年	2021年	2022年	合计	
	0.5	0.5	0.5	1.5	

① 研究的创新价值。

目前，基于山区学生特点和山区学校发展现状，关于小学数学核心素养课堂教学的模式、策略、方法研究的课题很少。本课题依托课堂教学改革，通过对山区学生核心素养的培养，探索出有效的课堂教学模式和策略，为山区一线教师提供参考，满足全县小学数学教育教学改革发展的需要，为实现山区小学数学教学质量的飞跃提供新的思路。

② 研究的应用价值。

对本课题的研究，我们预期的社会效应有：

a. 探索和总结出一套在山区小学数学教学过程中提高学生数学核心素养的教学模式与策略，为山区一线教师提供参考，满足我县小学数学教育教学改革发展的需要。

b. 更新山区教师的教学理念，关注学生数学素养的培养。

c. 提高山区教师的教学能力，以便更好地实现"发展小学生数学核心素养"的教学目标。提高教师的教学能力包括三个方面：一是通过本课题的研究，使广大数学教师对小学数学核心素养的相关概念有更深入的理解，对发展小学生数学核心素养的意义和价值有更深刻的理解；二是使教师更好地把握小学数学教材中数学核心素养与教学内容的内在联系与对应关系；三是使广大教师在教学过程中自觉、系统地发展学生的数学核心素养，为促进学生的终身发展奠定基础。

d. 促进小学数学教育教学理论的完善与发展。小学数学教育教学理论的发展离不开教育教学实践的土壤，目前有关小学数学教育教学的专著中缺少对山区小学生数学核心素养培育的系统论述。本课题是基于山区学生核心素养提升的小学数学教学改革实践研究，将为大家提供大量关于山区小学生数学核心素养发展方面的教学原则、教学设计、教学模式等鲜活的案例，促进小学数学教育教学理论的完善与发展。

③ 预期的理论性成果。

a. 实验中期报告和一篇实验终结性报告。

b. 课题组成员每人至少撰写一篇论文并获省级（或省级以上）奖项或在权威刊物上发表。

c. 拟编写《提升学生数学核心素养的教学案例》。

d. 拟编写《小学生数学核心素养发展的研究与实践》。

e. 形成培养学生核心素养的优秀课例集。

课题主持人签名：刘静娴

2020年9月20日

三、专家评议要点

（1）该课题的研究具有一定的前瞻性与实践性，能够在一定程度上推进我县乃至我市小学数学教学改革的进程。该研究有助于变革教师教学方式、学生学习方式，有助于提高学生的综合素质和提升教师的专业素养，达到师生共同成长的目的。

（2）通过本课题研究，引导教师不断更新教学观念，调动学生学习的主动性、积极性和创造性，让学生真正成为学习的主人，从而最大限度地提高课堂教学效率；培养学生积极思考和探究问题、解决问题的能力；引领学生自主学习、自主探究、分享和展示探究结果，促进各类学生的个性发展，使学生得到情感、态度和价值观的教育。

（3）通过本课题研究，真正做到高效低耗，真正体现"教是为了不教"。

（4）建议重点研究"小学生数学核心素养培养的途径与策略"，组建研究共同体，搭建县级、校级、学校三级课题研究网络，加强研究工作的组织与协调，实现各校研究方法、研究成果的沟通交流、资源共享。

（5）建议课题研究中理论学习与课改实践紧密结合，从中总结经验，上升其高度，在经验中探寻规律，在规律中提炼理论，拓展和完善本课题研究。

评议专家组签名：钟玉坤、黄惠娟、林志达

2020年9月15日

四、重要变更

本项目研究进度的调整：

本研究历时两年，主要分为三个阶段：

（1）准备阶段（2020年9—10月）。

（2）实施阶段（2020年11月—2022年6月）。

第一阶段：（2020年11月—2021年7月）。

第二阶段：（2021年8月—2022年5月）。

（3）总结阶段（2022年6—8月）。

课题主持人签名：刘静娴

2020年9月

五、所在单位科研管理部门意见

本课题选题具有较强的针对性、较高的实用价值和推广意义，目的明确，研究内容充实。课题主持人刘静娴老师具有较高的理论素养和专业素质，有丰富的课题研究经验，课题组成员均在教学一线，素质高，具备较强的教科研能力。具备完成本课题所需的所有研究条件，同意该课题的实验。

科研管理部门盖章

2020年9月24日

第三节 《山区小学生数学核心素养培养的途径与策略研究》研究报告

一、问题的提出

（一）时代发展的需要

人类已经进入"信息智能文明"时代，"互联网+"突破时空藩篱，把"信息不对称"这个概念击得粉碎，各类知识浮在云端，浩如烟海，随时可查，随处可查，"知识的搬运工"越来越不好做了。另外，知识的更新速度和折旧速度也越来越快，而且这种"快"是一种加速度的快，再追求"将知识精确地背下来"的学习目标已经失去现实意义。在知识快速更新的时代，要拥有可持续发展能力，"会学"当然要比"学会"更重要，"学力"当然要比"学历"更重要。

（二）现实的需要

一是问题的解决与创新虽然离不开知识，但并不是仅靠已有知识的简单拼凑，而是靠思维能力。新一轮课程改革赋予知识与能力更多的注解：既要关注知识是什么，也要关注知识是怎么来的，由谁发现的等；而对于能力的理解，在原有的解题能力、思维能力等的基础上增加了创新能力、实践能力。

二是即便仅从学习成绩这个维度来看，优异的学习成绩也来自学生的学习力而非知识灌输的数量与次数，因为学习不是体力活。依据大脑的特性及其运作机制，相对简单具象的知识尚可通过灌输来使学生完成识记任务，但相对复杂抽象的知识就必须通过学生的深层理解来完成知识体系的建构，而要解决高度复杂抽象的问题则必须依靠良好的逻辑思维和系统思考能力。

综合以上分析，学科核心素养的提出能很好地满足以上需要。对于小学数学教学而言，聚焦核心素养，把教学的关注点从"树梢"下移到"树根"，变"知识灌输"为"发展学习力"，不但与"提高考试成绩"的诉求不矛盾，而且对其有帮助，从"功利"的角度看，这是"近利"；另外，发展学习力可以使人更好地适应"信息智能文明"时代，应对知识快速更新带来的挑战，使人受益终身，从"功利"的角度看，这是"远利"。也就是说，对学生核心素养的培养，既让学生赢在当下，又让学生拥有未来。因此，本课题组根据目前教育现状和本地实际提出《小学生数学核心素养培养的途径与策略的研究》的课题。

二、理论依据

（一）核心概念的界定

1. 数学素养

数学素养指人们通过对数学的学习建立起来的认识、理解和处理周围事物时所具备的品质，通常是在人们与周围环境产生相互作用时所表现出来的思考方式和解决问题的策略。而数学核心素养可以理解为学生学习数学时应当培养的有特定意义的综合性能力。

2. 小学生数学核心素养培养的途径、策略

通过梳理出小学数学教材中数学核心素养与学习内容的对应关系，探索出指向小学生数学核心素养发展的教学策略和方法，让学生学会从数学的角度看待问题，用数学的思维方式思考问题，用数学的方法解决问题。

（二）课题研究中的理论指南

（1）国家教育部颁布的《义务教育数学课程标准（2011年版）》指出："有效的数学学习活动，不能单纯地依赖模仿与记忆。动手实践、自主探索与合作交流是学生学习数学的重要方式。"课堂上，学生应在已有知识的基础上，通过自主探究获取知识，经历知识形成的过程。教师则应激发学生的学习兴趣，注重培养学生自主学习的意识和习惯，为学生创设良好的自主学习情境，尊重学生的差异，鼓励学生选择适合自己的学习方式。

（2）建构主义理论。建构主义学习理论提倡在教师的指导下，以学习者为中心的学习。教师是意义建构的帮助者、促进者，而不是知识的传授者与灌输者；学生是信息加工的主体，是意义的主动建构者。建构主义理论强调以学生为中心，强调学生是学习活动中不可替代的主体，在学习活动中，学生具有主动选择、发现、思考、探究、应答、质疑的需要与可能。

（3）发现教学理论。发现教学要求学生在教师的启发诱导下，通过对一些事实和问题的独立探究，积极思考，自行发现并掌握相应的原理和结论。它不是把现成的结论提供给学生，而是从学生好奇、好问、好动的心理特点出发，让学生在教师的引导下，依靠教师和教材提供的材料，自己去发现问题、回答和解决问题，使学生成为知识的发现者。

（4）曹培英教授提出了小学数学学科核心素养体系的一个初步架构，该架构由两个层面、六项素养组成，可用空间三棱台模型加以直观呈现（图1-6）。

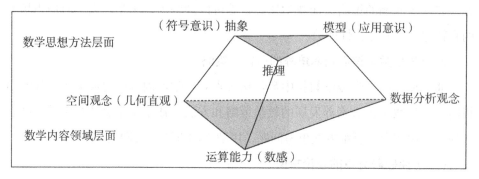

图1-6

（5）华东师范大学现代教育研究所特聘研究员刘濯源主任关于"核心素养"的分析型思维导图也是我们借鉴和学习的内容（图1-7）。

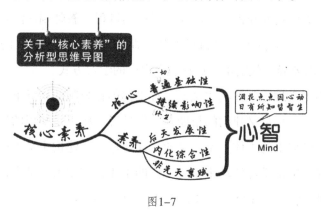

图1-7

三、研究目标和内容

（一）研究目标

围绕提升学生学科核心素养进行平远县小学数学教学改革，目的在于改变当前我县小学数学教学存在的"重知识轻素养"的状况，为学生的终身发展奠定基础。

（二）研究内容

本课题的研究内容包括：梳理与分析小学数学核心素养，梳理小学数学教材中数学核心素养与学习内容的对应关系，开展基于小学数学核心素养培养的途径与策略研究，开发指向小学生数学核心素养发展的评价案例。其中，"小学数学核心素养培养的途径与策略研究"直接关系到学生学科核心素养的提高，是重点研究内容，在所有研究内容中处于核心地位，其他三项研究内容都是为该内容服务的。

1. 基于小学数学核心素养培养的途径与策略研究

基于小学数学核心素养培养的途径与策略研究包括以下几个方面：

（1）抽象思想的研究。

由抽象思想派生出的下位数学思想有分类思想、集合思想、数形结合思想、变中有不变思想、符号表示思想、对应思想等。

（2）推理思想的研究。

由推理思想派生出的下位数学思想有归纳思想、演绎思想、转化思想、化归思想、类比思想、逼近思想、代换思想等。

（3）模型思想的研究。

由模型思想派生出的下位数学思想有化简思想、量化思想、函数思想、方程思想、优化思想、随机思想等。

（4）运算能力的研究。

运算教学是小学数学教学中一个比较重要的内容，贯穿小学数学教学的全过程，存在于数学学习的每一个环节。它作为一项最基本的技能，不仅影响和制约数学学习的进程和质量，也影响和制约其他学科学习的质量，甚至会影响人们的现实生活。

2. 基于小学数学核心素养培养的课堂教学模式

基于小学数学核心素养培养的课堂教学模式是四导模式（图1-8）。

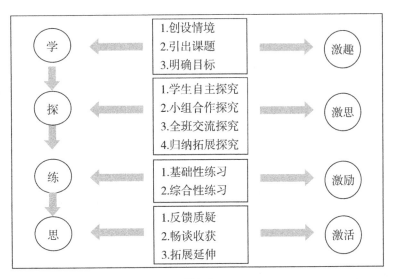

图1-8

以此课堂教学模式进行教学，能有效地促进核心素养在学生心中生根、开花。

四、实验的需求

1. 主体性

学生是教育目的的体现者，是学习活动的主人。学生不仅要学习教师所教的知识，还要消化这些知识，分析新旧知识的内在联系，更主动地获得发展。

2. 整体性

用整体性观点看教学过程，"教"与"学"是一个完整的系统，教师是主导，学生是主体，"教"与"学"形成一个互相依存、互相制约的整体。我们在"抓起始、打基础、重能力、促发展"模式的基础上，全面优化培养目标、教学内容、教学方法、教学手段、组织形式、教学评价，全面提高教师素质，全面改进教学条件，实现教学现代化，力求过程中每一成分和环节都能充分发挥最优功能，进而取得全过程"1+1>2"的整体效益。

3. 联系性

用联系的观点分析教学过程结构，揭示过程发展的规律和动力，探索教学过程的前后衔接，以及学生兴趣、知识、能力、素质形成的因果联系和发展联系。

4. 针对性

针对学生的年龄、个性和身心发展需要进行有效指导；针对"教"与"学"中存在的现实问题，边实验边解决，边研究边提高。

5. 综合性

用综合的观点处理教学方法转变的问题，以达到整体优化、优势互补的效果。

6. 最优性

用最优化的观点开展小学数学教学方式转变的研究，追求教学过程的最优化。

7. 可操作性

课题研究不与正常教学活动分离，所有的研究计划均与课程标准相协调，研究内容突出教学中的三大要素——教材、教法、学法。

五、课题的理论研究

1. 教学方式

教学方式指的是教师在课堂教学中，在帮助学生获取知识、提高能力、获取学习方法的过程中所采用的方式方法。教师教学方式的转变是课程改革的重要内容之一，教师应站在学生"学"的角度，思学生所思，疑学生所疑，惑学生所惑，注重学生的体验和感悟，让学生自己找到答案、得出结论，这样学生获得的才是"活"的知识。因此，教师要做到"用教材教而不要教教材"，要根据自己对教材的理解，结合班级学生的实际情况，大胆整合、灵活运用，优化教学内容，深入浅出地进行教学，激发学生的兴趣，调动学生活跃思维的内在动力，把学生隐藏的种种潜力演绎为发展的现实，让数学课堂彰显生命的魅力。

2. 教学方式转变策略

小学数学教学，以提高学生数学素养为宗旨，引导学生动手动脑，让学生通过提问题、找规律、概括特点等来自己建构知识结构，提高自己的动手能力，让学生在探索知识奥秘的过程中形成标新立异、追求卓越的竞争意识和顽强品质，让学生的核心素养得以有效形成。

六、课题研究的基本过程及主要措施

（一）基本过程

1. 准备阶段（2020年9—10月）

（1）成立课题组，制订课题研究方案，开题论证，修正课题方案，明确课题组各成员分工和实验班级。

（2）随机抽取县城四所小学、农村四所小学各级平行班，向受试者讲解此次研究的目的、内容以及步骤，争取本研究的顺利实施。

（3）收集国内外关于核心素养的资料，了解培养小学生数学核心素养的途径和策略研究的进展情况，深入研究相关理论。

（4）探讨目前各校在核心素养培养方面存在的问题和困难，研究制订课题的具体实施计划。

（5）课题组成员制订个人研究计划。

2. 实施阶段（2020年11月—2022年6月）

第一阶段（2020年11月—2021年7月）：

（1）教学实践。

落实课题研究，要求相关教师进行学科教学与现代信息技术运用、综合实践活动探究的初步整合。召开课题组成员会议，介绍课题研究的目的、意义、方案，明确各成员的分工。根据本课题研究的内容，组织教师按计划开展小学生数学核心素养培养的途径与策略探究的实验与研究。

（2）追因调查。

收集典型的案例，分析影响核心素养培养的途径与策略有哪些，如何最优化。组织课题组教师去班级听课，并进行具体的记录，有规律地召开课题研讨会议，整理听课记录。完成阶段论文与阶段成果报告。

（3）验证研究。

教师引导学生进行动手、动脑和实践活动的初步尝试，并根据所定课题实施计划，进行相关研究，在实践中教会学生自主探究的技巧，达到课题研究的目的。注意收集整理研究的原始材料。重点研究实验成果在学校内推广、深化的可能性和途径。收集、调查、学习国内外相关的理论文章，组织课题组成员学习理论。召开课题研讨会，对课题方案进行修改、优化。

第二阶段（2021年8月—2022年6月）：

（1）课题研究中期评估并制定下阶段课题研究规划（建备忘录）。

（2）调整后的实验、研究与验证。

3. 总结阶段（2022年7—9月）

（1）收集实验中积累的资料，筛选出能促进核心素养培养的途径与策略，从中总结经验、提升高度，在经验中探寻规律，在规律中提炼理论，拓展和完善本课题研究。

（2）结题汇报。

（二）主要措施

《山区小学生数学核心素养培养的途径与策略研究》课题在2020年由广东省中小学教师培训中心立项，我们力求通过本课题研究，探索和总结出一套适应新课改，转变小学数学教学方式的有效教学方法，以指导学校的教学工作。本课题研究以中小学数学课堂为主阵地，通过课堂观察、案例分析、实践研究和更新教育观念、深刻自我反思等方面的教师行动研究，探究小学生数学核心素养培养的途径与策略，从而促进教师与学生核心素养的提升。

1. 调查分析，了解现状

只有致力于在教学中发现问题并解决问题，教师才会有研究的动力。因此，在课题立项时我们制订了学校课堂教学现状调查方案，在教师和学生中进行了问卷调查，对教师的教学行为及教学方式等着手进行了调查。调查结果显示，大部分教师认识欠缺，思想观念滞后，教学方式、策略不当，教学模式陈旧，创新教育资源贫乏。多数教师的教学方式还是被动吸收式，缺乏主动学习和研究。这一调查结果让我们对课题研究有了更迫切的需求。

2. 组织研究队伍，明确研究任务

课题申报初期，我们组建了由从事小学数学教学工作的特级、正高级教师、高级教师、小学教研组长组成的课题研究专家指导小组，聘请资深专家做课题研究顾问。课题申报成功后，我们通过各乡镇征集了10多个子课题，组成了由一线小学教师、教研组长等组成的研究队伍。在此基础上，我们建立和健全了县教研室—镇教研中心—教师个人的三级课题研究网络，各级课题组各司其职，做到四个到位：人员到位、责任到位、认识到位、工作到位。

3. 学习现代教育理论，为完成课题任务创造前提条件

随着课题的确立，我们进行了一系列转变数学教学方式的理论学习，请市局专家为课题组成员进行专题讲座，安排课题组成员到全县各地参观学习，以提高教师的基本功和水平，改变广大教师的教育思想，为实验研究打好理论指导基础。我们每月组织一次课题研究经验交流会，每学期安排课题组教师上实验课，不断地重复"研究—上实验课—反思—交流总结—再上实验课"的过程，认真总结经验，广泛收集、整理加工资料，初步总结了转变小学数学教学方式的策略，构建了创新学习指导的课堂教学模式。

4. 定向、交流，强化过程管理

对实验过程的管理和调控我们主要采取"明确活动指向、落实研究环节、搭建研究平台"的过程管理策略及"自主研究，集中管理，点面结合，分享

推广"的课题研究策略，使各子课题组的研究既保持自主性，又能相互交融、确保整个课题实验的整体性、方向性和可操作性。

（1）关注常态课。

课题组非常关注常态课，以求实的态度扎根于每一节常态课，收到了真实、理想的教学效果。组织课题组成员通读小学数学教材，课题组骨干成员张晓华老师、张利平老师、肖桂红老师进行典型示范，利用她们的影响力和辐射力，培养了一批课题实验的领军人物，并以课题主要成员、学科骨干教师、教研组长为主体，对近年来教学过程中的典型教学案例进行搜集、整理、分析，初步概括和描摹出相关的数学课堂教学方式。

（2）以案例研究为载体。

以案例研究为载体，目的是以案搭桥，以案谈教，以案促研。总课题组坚持专家引领，成员经常"沉下来"与子课题组成员交流和沟通，面对面地指导，帮助教师解决疑难和困惑，提供业务上的有力支持。课题组围绕"自我反思、同伴互助、专业引领"，从课题研究中需要解决的问题入手，以"发现问题—确立主题—学习理论—研究课例—专题研讨—产生新问题，进行新研讨"为活动的主要形式，每次围绕一个主题进行，做到有价值、有思考地分析。案例分析为课题组成员创建了一个可以探讨的空间，它是使课题研究脱离低水平重复，收获最大的重要保证。

（3）进行区域课题研究交流。

课题组与市名师工作室联手，在课题研究期间每年的3月21日—5月30日、9月21日—11月30日组织教师进行区域教学交流活动。区域课题研究交流研讨课是各区域教师互相学习、互相交流的平台。交流课课型多样，体现了同课异构的特点，拓宽了课题组成员的思路，对今后的课题研究有更实际的推动作用。

（4）送优秀课例下乡。

课题组为将研究成果在我县推广应用，在每个学期开学一个月后，组织课题组教师，带着课题研究成果到各镇开展优秀教师送优秀课例下乡活动。课题组两年组织了12场送优秀课例下乡的课题研究交流活动，课题组与各校教师共同分享课题研究成果，互相学习、互相交流，以进一步更新教师的教育教学理念，转变数学教学方式，促进课题研究的深入开展，提高教师的课堂教学水平。

5. 转变数学教学方式，构建创新学习指导模式

提升核心素养的模式是师生围绕教学目标对文本、时间、空间、程序等资源的合时、合宜、合度的配置利用，以达到学生想学、会学、善学、乐学、会用数学的目的。通过研究，我们构建了提升学生数学核心素养的模式框架，这个教学模式遵循数学课堂教学的规律，体现新课程标准"以人为本"的教育理念，有利于提高全体学生的参与度，有利于活跃学生的思维，有利于加强师生之间的交往和促进教学目标的全面达成。

（1）教师巧设前置作业，激发学生自主预习。

通过教师巧设前置问题、精选前置练习，学生自主学习的兴趣得到了提升，课堂上更容易体会到成功的喜悦，使学习步入良性循环的轨道。

（2）教师创设情境，学生进行探索学习。

在教学中，教师结合具体的教学内容，利用知识本身的内在美，创设丰富的、与学生实际生活息息相关的数学学习情境，使学生身临其境，提高主动参与的积极性，深化所学知识，进而养成自主学习、探研创新的好习惯。

（3）教师相机点拨，学生自主发现。

本阶段教师关注学生独立思考、自主探索、合作交流方面的情况，充分相信每个学生都有探究数学知识的潜能。教师应给予学生自主探索的时间，针对学生的疑问、猜测、看法，把握时机进行富有探索性的指导，引导学生观察、思考、操作，使学生运用已有的知识经验、思想方法，自己解决问题、发现新规律，实现知识的再构建。

（4）教师诱发组织，学生合作交流。

在合作交流过程中，教师充分发挥组织者、合作者和参与者的作用，帮助学生在自主探索和合作交流中真正理解和掌握基础知识和基本技能，掌握思考的方法和解决问题的策略，并在情感和态度方面得到充分的发展。

（5）教师检测反馈，学生当堂消化。

在此阶段，教师注意学生的个别差异，进行分层练习，变换练习形式，提高学生的兴趣，鼓励学生进行求异思维。通过不同层次的练习，学生能及时从教师的反馈中了解自己和别人的学习动态，进行自我评价，调整自己的学习策略，找到继续努力的目标。

（6）教师评价深化，学生总结延伸。

通过一节课的数学学习和探究，教师让学生根据学习目标要求进行总结，说出自己的学习表现与学习收获体验，使学生向课外实践延伸。学生在总结中认识自我，建立信心，在知识能力的延伸过程中体验成功的欢乐，增强追求成功的欲望和信心。

6. 建立科学的数学评价体系和质量观

建立科学的数学评价体系和质量观要从两个方面进行：一是改革对课堂教学的评价。评价课堂教学不仅要评价学生对数学知识的掌握情况，更要评价学生学习数学的质量，如学生参与率的高低，学生学习数学的情绪如何，受到哪些学习方法的指导，等等。二是改变对学生学习情况的评定方法。批改学生的数学作业，不仅要批对错，更要关注作业的习惯，鼓励创新，让不同层次、不同类型的学生都获得成功的机会。

七、研究成效

（一）教师的教学科研素养显著提升

通过两年的课题研究，本课题组全体成员相互合作，使课题研究取得了较为理想的成绩。课题组教师在教学中转变了教育观念，提高了教学能力和科研能力。实验开始以来，我们通过理论学习、调查研究、问题解决、实践探索等活动方式，提高了个人的专业发展水平和实验教师的理论实践能力。参与课题研究的成员教育教学水平得到了较大提高，会教、善教，注重课堂有效教学和研究，每一位教师的课都已有了自己的特色。

（二）改革了课堂教学方法和教学组织形式，充分发挥学生的主体性

实验教师对课堂教学采用新的教学方法，充分发挥了学生的主体性。在教学中实验教师激发学生的问题意识、参与意识，让学生在课堂上做学习的主体，改变教师一言堂的局面，组织学生分组进行探究学习，让学生自主合作、探究、展示、点评，使学生学得灵活、学得扎实，让学生真正成为学习的主人。

（三）学生数学素养大大提升

1. 学生学习数学的方式方法改变

实验后，数学课堂教学更加生机勃勃了，教师充分调动了学生学习数学的积

极性和主动性，提高了学生学习数学的能力。通过课题的实施，学生在教师的引导下，发挥主体作用，全身心地投入数学学习活动，在亲切、平等、民主、和谐的教学氛围中，体验到自由、尊重、信任、理解和宽容。课堂上学生自主探究、主动参与、合作学习，大胆发表自己的见解。他们不再一味接受教师的标准答案，而是踊跃发表自己的观点，一题多解、举一反三。在数学学习过程中，学生通过评价调整自己的学习策略，树立了自主学习的观念，自学能力有了明显提高。

实验前后，我们对平远县实验小学五年级一个班的60个学生和东石中心小学三年级一个班的48个学生分别进行了问卷调查。调查结果如下：

平远县实验小学五年级（图1-9）。

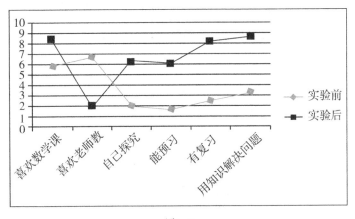

图1-9

东石中心小学三年级（图1-10）。

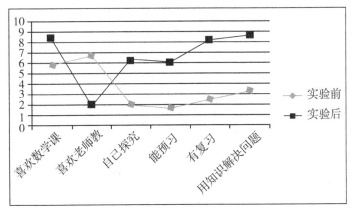

图1-10

2. 学生的创新意识和实践能力有了很大提高

从上面的调查结果中不难看出，通过本课题的实验，学生预习和复习的习惯有了很大改善。同时，在数学学习过程中，学生的合作意识和创新意识也有所提高。在课堂上，问题由学生自主提出，结论由学生自主归纳，方法由学生自主探索，结果由学生自主评价，这些都发展了学生的创新思维。在数学学习过程中学生大都具有探索新知的欲望，能够不拘泥于书本，不依常规，积极提出自己的新见解、新发现，有自己的新思路、新设计，在思考和解决问题时，思路更畅通，方法更灵活，更有深度。我们认为，本实验对于发展学生的思维、培养学生的创新意识和实践能力是极为有效的。

为了检查学生在自主、探索、合作、创新等方面的发展情况，我们随机抽查了实验班五年级一个班的情况，结果如图1-11所示。

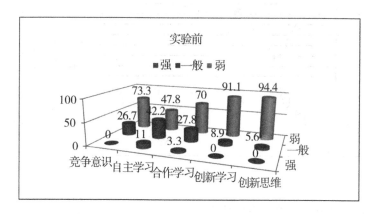

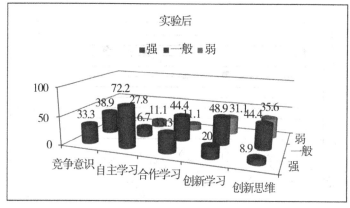

图1-11

3. 提升了学生的数学素养

大多数学生的数学素养有了不同程度的提高，数学意识、运算能力、数学表达能力、交流能力、应用能力、思维能力、空间想象能力有了发展。我们为学生创设贴近自然、社会、生活的新颖、别致的能激发学生强烈求知欲的问题情境，并引导学生在质疑问难中提出并讨论问题，使学生体验到生活中处处有数学，并产生积极的数学情感和探究欲望。在引导学生时我们会多问几个"为什么""怎么办"，这样既培养了学生敢于提出问题的信心、能力和积极学习的动机，又增强了学生的问题意识。下面呈现的是2020年、2021年县一小和实验小学五年级各2个班数学学科各项指标发展统计比较情况。

2020—2021学年第二学期期末成绩统计比较（图1-12）。

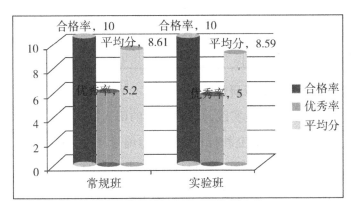

图1-12

2021—2022学年第一学期期末成绩统计比较图（图1-13）。

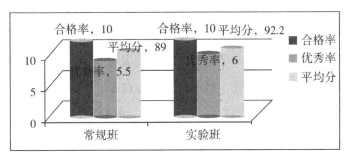

图1-13

下面（表1-6）呈现的是东石中心小学六年级一个班实验前后纵向对比质量统计情况。

表1-6

时间	人数	总分	平均分	满分	及格人数	及格率/%	优秀人数（80分以上）	优秀率/%
实验前（期中、期末）	54	4077	75.5	2	43	79.63	25	46.3
	54	4147	76.8	1	45	83.33	28	51.9
实验后（期中、期末）	54	4336	80.3	5	48	88.89	40	74.1
	54	4455	82.5	6	50	92.59	42	77.8
实验前（期中、期末）	60	3930	65.5	1	28	46.67	20	33.33
	60	4128	68.8	0	32	53.33	22	36.67
实验后（期中、期末）	60	5934	98.9	2	48	80	35	58.33
	60	5802	96.7	4	51	85	40	66.67

（四）总结、反思，积聚研究成果

课题研究的现实土壤是实践，课题研究的阳光是教师的理性反思。课题组成员在深入理解教材、研究教材和尊重教材编写意图的基础上，结合学生实际情况和教学目标，恰当地处理教材，设计学生需要的、乐于探究的、适合学生发展的数学活动。课题研究促进了我县小学数学教师素养的群体优化和教师的专业化发展。随着课题研究的推进，边实践边反思，边实践边总结撰写科研论文已成为教师的自觉行为。两年来，实验教师在市级以上刊物上发表或获奖的论文有20多篇。我们先后组织开展专题优质课、录像课、教学案例、教学设计、教学论文评比，有多名教师在省优质课、说课评比中获奖，其中，肖桂红老师参加梅州市说课比赛获一等奖第一名，代表梅州市参加省说课比赛获一等奖。课题组成员围绕课题研究，做了许多实实在在、富有成效的工作，大家在研究的过程中学习知识、增长才干、发展自我、收获喜悦。

主要成果：

（1）结题报告：1份。

（2）优秀论文集：《"山区小学生数学核心素养培养的途径与策略研究"优秀论文》。

（3）优质教学资源：省、市、县优质课评比获奖课堂教学录像（VCD）20节。

八、课题实验后的体会和思考

传统的教学模式根深蒂固，短时间内完全改变是很难做到的。到目前为止教师通常情况下还是较多关注怎样"教"，较少研究怎样"学"，这大大限制了学生的活动和自主学习。新的教学观关注学生的"学"，认为学生只有主动参与、主动建构才能获得知识，因此，要转变学习方式，首先要改变教学方式，更新教师的教学观念，倡导自主、探索、合作交流的学习方式。在课题研究中我们着重关注以下两点：

（1）在课题研究实施过程中，发现目前学校教育教学评价机制单一，直接影响教师教学方式的转变。为此，学校要尽快建立健全多角度、多方位的教学评价机制，推动课堂教学改革。

（2）让学困生在情感上真正体验到学习数学的快乐，让他们喜欢数学、热爱数学，转变他们的学习态度。

总之，通过两年的课题实验，我们取得了一定的成绩，使小学数学教学方式有了较大的转变，但很多细节方面有待继续研究。今后，我们会进一步深化、细化延伸课题研究中的一些问题，不断推进我县小学数学教学方式的转变，努力推广好的经验，为我县小学数学教育的发展做出应有的贡献。

参考文献

［1］张华.论核心素养的内涵［J］.全球教育展望，2016（4）：10–24.

［2］褚宏启.核心素养的国际视野与中国立场——21世纪中国的国民素质提升与教育目标转型［J］.教育研究，2016（11）：8–18.

［3］王烨晖，辛涛.核心素养的实践探讨——基于核心素养的课程改革之关键问题［J］.人民教育，2017（3）：36–40.

［4］钟启泉.现代学科教育学论析［M］.西安：陕西人民教育出版社，1993.

［5］姜宇，辛涛，刘霞，等.基于核心素养的教育改革实践途径与策略

［J］.中国教育学刊，2016（6）：29-32.

［6］王蕾.学生发展核心素养的考试和评价——以PISA2015创新考查领域
"协作问题解决"为例［J］.全球教育展望，2016（8）：24-30.

第四节 《现代信息技术与小学数学教学 深度融合的实验研究》开题报告

一、选题

本课题国内外研究现状述评，提出本课题研究的背景及意义。

（一）本课题国内外研究现状

信息技术与其他课程教学的融合正在成为当下信息技术教育乃至整个教育信息化进程中的一个热点问题。在奥苏贝尔的"学与教"和建构主义的"学与教"等理论的指导下，信息技术与学科教学的整合日益普及，理论研究日益深入、细化。何克抗教授的《信息技术与课程整合》等专著已经对信息技术与学科教学整合的问题进行了全面的阐述。在实践层面，各种基于信息技术的课堂教学模式不断涌现，如"信息加工"教学模式、"自主—探究"教学模式、"在线学习"教学模式，而且产生了大量精彩的教学实例。上述研究成果与我校提出的"信息技术与教育教学深度融合"有一定的差距，但有些做法、观点可以借鉴，具体到我们学校，结合实际的师资、生源等问题，还需要独立探索、实践、积累。

（二）本课题研究的背景及意义

（1）从时代发展的角度看，科学技术的进步让人类进入了信息技术广泛应用的时代。目前，我国已经进入了全面推进素质教育的改革时代，素质教育的发展和教育信息化的推进，要求在中小学普及信息技术教育，而信息技术与课程的整合是普及信息技术教育的关键，是信息技术课程和其他学科共赢的一种教学模式。

（2）从学校的角度出发，大部分教室已配备先进的一体机，如何将这些现代化教学设备作为一种工具、媒介和方法融入各学科教学过程，使各种教学资源、各个教学要素和教学环节相互协调，经过整理、组合，相互融合，在整体优化的基础上产生聚焦效应，从而深化学科教学，提升教与学的效率，成了迫在眉睫的话题。

（3）从学科的角度看，小学数学是相对枯燥的学科，而现代化信息技术引进课堂后，可作为显示工具、演示工具、交流工具、情境探究和发现的工具，还能提供丰富的资源环境，解决教学枯燥、乏味等问题。

（三）课题界定

信息技术：指人们获取、分析、加工、利用信息的知识和能力。它是通信技术、计算机技术、多媒体技术和网络技术等的总称。

整合：本课题研究中的有效整合概念指的是将以计算机多媒体技术、校园网络、社区网络和国际互联网技术为核心的信息技术有机地运用于小学数学教学的各个环节。

信息技术与小学数学的有效整合：在先进的教育思想理论的指导下，将信息技术作为一种工具、媒介和方法融入数学教学过程，使各种教学资源、各个教学要素和教学环节相互协调，经过整理、组合，相互融合，在整体优化的基础上产生聚焦效应，从而深化数学学科教学，提升教与学的效率，实现教育教学改革的突破性发展，培养学生的创新精神与实践能力，为学生的终身学习与发展打下坚实的基础。

（四）研究的突破点和创新点

突破点：主要是依托计算机、多媒体和网络技术实现教学过程的四要素，即信息技术、学生、教师、教材的动态运作，形成新的真正体现学生主体性和突破教师中心、教材中心、课堂中心教学模式的实践，为目前小学数学普遍进行的教育教学改革提供全新的思路。

创新点：构建"互联网+"下的农村小学数学课堂新模式。

基于以上思考，数学课题组提出了"信息技术与小学数学教学的有效整合"的研究方向，旨在探索信息技术与数学教学有效融合的一般规律及具体操作方式，寻求提高整合有效性的方法、经验和管理评价机制；培养教师的现代教育意识，促进教师对信息技术与数学学科教学整合的教育理念的理解，并提高教师驾驭现代信息技术的能力，从而提高课堂效率，提高教学水平；带动数字化教育环境建设，推进教育的信息化进程，促进小学数学教学方式的根本性变革；培养学生的创新精神、收集处理信息能力、操作能力、协作能力、探究能力，促进学生乐学、爱学、会学。

二、内容

本课题研究的基本内容、目标、重点、难点如下。

（一）本课题研究的基本内容

（1）信息技术教育与数学学科教学的关系。

（2）信息技术教育对学生能力的培养（包括信息加工能力、现代信息社会的适应能力和自主学习能力等）。

（3）运用信息技术优化教学过程、教学模式、教学方法、教学策略。

（4）信息技术与传统教学手段、教学方法的有效整合。

（二）本课题研究的目标、重点、难点

1. 研究目标

（1）通过研究，寻求信息技术与数学教学有效整合的一般规律及具体操作方式，寻求提高整合教学有效性的方法、经验和管理评价机制。

（2）通过研究，培养教师的现代教育意识，促进教师对信息技术与数学学科教学整合的教育理念的理解，并提高教师驾驭现代信息技术的能力；培养学生的创新精神、收集处理信息能力、操作能力、协作能力、探究能力，促进学生乐学、爱学、会学。

（3）通过研究，开发一批适应交互式教学模式的多媒体教学课件，总结通过应用信息技术提高学科教学有效性的技术、方法和手段。在研究期间形成优秀课例、微课、课件和论文等研究成果。

2. 研究重点

寻求信息技术与数学教学有效整合的一般规律及具体操作方式，寻求提高整合教学有效性的方法、经验。

3. 研究难点

提高教师驾驭现代信息技术的能力，包括培养教师熟练使用计算机和网络备课，进行教学研讨的能力；熟练使用搜索引擎、资源网站、资源库系统等检索、下载和合理使用各种数字化教学资源的能力；自主制作或改造课件的能力；熟练使用网络教学平台辅助课堂教学的能力。

三、研究的基本思路和方法

1. 研究的基本思路

（1）课题组通过调查研究、查阅资料，初步掌握现代教育技术的研究发展动态，转变教育观念，运用现代教育技术，丰富教育手段，把运用现代教育技术作为提高教育教学质量的增长点和切入点，组织课题参与人员系统学习信息技术理论知识，对全体课题组人员进行运用信息技术的培训。

（2）通过将信息技术运用于数学学科教学，激发学生的学习兴趣，创设学生主动参与的氛围，增强课堂教学的感染力，促使学生积极参与课堂的"教"与"学"，探索有效地将信息技术运用于课堂教学的模式，深化课堂教学改革，促进"教"与"学"的优化，从而达到提高课堂效率、全面提高学生素质的目的。

2. 研究的方法

（1）文献研究法。

对国内外有关信息技术与课程整合的理论研究、实践经验进行总结、分析和提炼，以形成信息技术环境下数学教学的理论和方法。

（2）调查法。

调查目前我校教师在学科教学与信息技术整合方面的现状；调查研究过程中教师运用信息技术的水平与教学效果，搜集资料，了解情况。

（3）案例研究法。

选取不同年龄、不同类型的研究对象进行信息技术学科教学整合的课堂实例个案研究。

（4）经验总结法。

根据研究计划，各年级对研究的阶段或全过程进行分析概括，总结工作，促进感性认识到理性认识的转化，最终形成课题的研究成果。

3. 技术路线

信息技术应用和资源建设研发并重。

（1）以合理开发与应用校园网络平台、师生个人空间为主，合理运用好资源库平台，辅以广域因特网技术的应用。

（2）在数学教学活动中，通过教师自己制作的教学资源体现和实施信息技术。

4. 实施步骤

本课题的研究可以分为以下三个阶段。

准备阶段（2016年11月—2017年3月）：

（1）成立课题研究领导小组和课题研究小组，制订课题研究计划和实施方案。

（2）组织课题小组成员集中学习有关文件，提高对课题重要性和必要性的认识，明确课题研究的指导思想和目标任务。

（3）制订具有学科特色的课题研究实施方案，并利用网络技术平台，展示活动内容和成果。

实践研究阶段（2017年4月—2018年10月）：

（1）全面启动课题研究工作，根据研究目标按计划、有步骤地分阶段实施。

（2）加强培训。通过多种类、多形式的教师培训，更新教师观念，让教师学习现代传播理论、信息技术技能理论等先进理念以及计算机操作技能，切实提高实验教师的研究操作能力。

（3）开展多种形式的教学研讨活动，相互听课、评议，注意信息反馈，及时修正方案，撰写阶段性研究总结、阶段性研究论文，收集优秀教案和课件、微课、案例等，做好研究的阶段性成果的档案整理工作。

（4）定期召开研讨座谈会。

（5）召开阶段研究汇报会，将相关的研讨结果和实践结果进行对比、交流，把提升的经验升华为理论。

（6）边实验边总结，在适当的时候邀请专家对课题进行中期评估，以便调整实施计划。

总结推广阶段（2018年11—12月）：

整理课题研究资料，撰写研究报告，汇集优秀论文和教师研究个案，并着手推广成果与后续研究工作。

四、课题组成员的分工

刘静娴：负责课题的全面工作及具体的研究。

林志达：负责信息技术方面的指导，负责课题资料的收集、整理和后勤保障。

黄敏娥：负责信息技术方面的指导和具体的研究执行。

饶丽：具体研究的执行。

林雪华：具体研究的执行。

曾志文：具体研究的执行。

五、经费分配

（1）经费的50%用于购置优秀的"互联网+"的数学课堂资料、录像、微课、教学设计等资源。

（2）经费的20%用于激励课题组成员参与各项省、市、县级比赛。

（3）经费的30%用于走出去学习、观摩。

六、预期成果

1. 理论认识性成果

（1）阶段性成果：实验总结、科研论文、实验课例、微课。

（2）终结性成果：研究报告、科研论文、教学设计集、优秀课例、优秀微课。

2. 实践性成果

（1）形成较完善的以小学数学为代表的信息技术资源库。

（2）形成师生信息技术指导下的获奖统计表。

3. 本课题的预期研究效果

（1）通过课题研究，促进教师信息技术应用能力的提升，使教师掌握新的教学模式，充分利用信息技术课来支撑翻转课堂教学，使教师的教育教学科研向专业化方向发展。

（2）通过信息技术在教学中的应用，有效提高学生的学习兴趣，激发学生的学习动机，改变学生的学习方式，提高教育教学质量。

（3）通过课题研究，完善信息技术资源建设，进一步推动我校教育信息化发展。

课题主持人签名：刘静娴

2017年5月15日

七、专家评议要点

评议专家小组在听取了该课题的开题报告后，进行了认真、全面的论证分析，观点综述如下：

课题选题能够立足当前"推进教育现代化""全面推进素质教育"的实际，具有较强的研究价值。课题的实施旨在探索信息技术与数学教学有效整合的一般规律及具体操作方式。

研究中要多关注、多借鉴其他地区和先进学校的已有经验，结合相关研究理论思考总结，形成具有本校特色的信息技术与数学学科教学整合的策略、学科资源建设等，在实践中边思考边补充完善。勇于实践，勤于实践，才能实现从感性认知到理论的升华。通过课题研究，促进教师信息技术应用能力的提升，使教师掌握新的教学模式，充分利用信息技术来支撑翻转课堂教学，使教师的教育教学科研向专业化方向发展，通过信息技术课在教学中的应用，有效提高学生的学习兴趣，激发学生的学习动机，改变学生的学习方式，提高教育教学质量。

需要指出的是，该课题要重视过程性研究资料的积累，要建立起多层次的课题研究立体网络，明确每一年度的工作目标和行动计划，在调查分析、整体方案、活动记录的各个方面都要有专项档案材料。坚持在做中提升，在做中完善。

要注意报告设计中保持研究目标、内容与预期成果的前后一致。研究过程还要更加细化，以校本研究意识进一步加强做好课题工作的主动性、紧迫感和责任感，力争形成一套比较完善、操作性强的课题工作实施方案，按计划严格落实。

祝愿东石中心小学数学课题组的科研有亮点，出精品，"研得科学、教得有效、活得幸福"。

评议专家组签名：谢菊梅　钟玉坤　黄惠娟

2017年5月18日

第五节　《现代信息技术与小学数学教学深度融合的实验研究》结题报告

一、课题研究的背景

从时代发展的角度、学校发展的角度、学科发展的角度看，信息技术融入学科教学都是势在必行的。

（具体见第四节《现代信息技术与小学数学教学深度融合的实验研究》开题报告的详述。）

二、国内外研究现状述评

目前，国内外在这方面的研究成果主要有翻转课堂、MOOC等教学模式，现有研究中有的是基于校内信息技术工具（电子白板、交互白板等）构建翻转课堂教学模式，有的是基于校外资源（云端资源、QQ群、网络平台等）构建教学模式，还有的研究则是基于个人学习平台（电子书包、电子课本等）构建模式。

以往对本课题的研究一般都集中在小学数学课堂教学与信息技术内容、形式、方法的整合上，体现的是教师的"教"。而本次研究在此基础上提升了一个台阶，从关注教师的"教"转移到关注学生的"学"，改革课堂教学结构：从单纯地引用别人的信息教学资源转移到自主创新信息教学资源上，这是本课题的亮点。研究以创新精神的培养为目标，站在创新教育的高度找到信息技术与小学数学课堂教学的融合点。

综上所述，我校自主创新信息教学资源，找到信息技术与小学数学课堂教学的融合点，这属于首创，对于提高学校教学质量，促进师生数学素养的提升具有十分重要的意义。

三、核心概念及研究范围的界定

小学数学限定了研究的学段和学科。课堂教学，是教学的一种形式是指一种目标明确，按计划、有组织、有步骤的教师的"教"与学生的"学"相结合的双边活动过程。信息技术与小学数学课堂教学的深度融合是指通过"将信息技术有效地融合于小学数学的教学过程，来营造一种信息化教学环境，实现一种既能充分发挥教师主导作用又能突出体现学生认知主体地位的，以'自主、探究、合作'为特征的新型教与学方式，从而把学生的主动性、积极性，乃至创造性激发出来，使传统的课堂教学结构发生根本性变革——由'以教师为中心'的课堂教学结构转变为'主导—主体相结合'的课堂教学结构"。

四、课题的研究目标及研究内容

（一）研究的目标

（1）更新数学学科教师教育教学理念，提高教师的信息素养，指导数学教师在信息化环境下开展教学，改变教学方式，改革课堂教学结构，探索出具有我校特色基于信息技术环境的数学课堂教学模式。

（2）指导教师搜集数学教学素材，开发教学软件，组建数学教学资源库，通过校园网，实现资源共享。

（3）培养学生的学科综合素养和实践能力，促进学生自主、全面地发展。

（4）通过研究，发挥实验班的辐射、示范作用，带动其他教师运用研究成果，开展教学活动，进而推动我校教学改革的深入开展，全面推进素质教育。

（二）研究的内容

（1）尝试教学方法和学习方法的改变，打造"主导—主体相结合"的课堂教学结构。

（2）如何运用信息技术进行课前预习。

（3）如何运用信息技术创设小学数学教学情境。

（4）如何发挥信息技术的优势，提高课堂评价的效能。

（5）尝试开发基于信息技术的小学数学课堂教学资源包。

（6）探索出一种适合我校实际的基于信息技术的小学数学课堂教学模式。

（三）现代信息技术与小学数学教学深度融合的路径（图1–14）

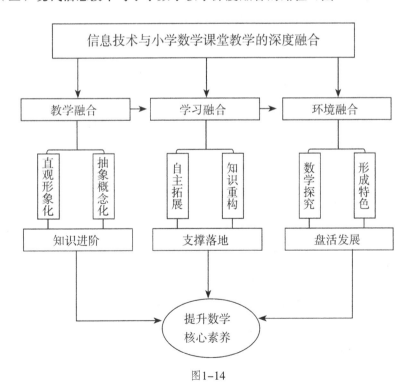

图1–14

1. 用信息技术教学：形象直观，化难为易

重点、难点是课程教学的关键，也往往是学生学习的障碍所在。数字化教学有利于提高学生学习的积极性，帮助学生顺利突破思维上的难关，使学生在轻松、愉快的学习过程中不知不觉地建构起自己的知识体系。课本中的许多知识，如概念、规律等都是理性的，是我们肉眼看不见的，而这些内容往往是传统教学模式难以讲清的，也往往是教学的重点、难点。教师合理应用信息技术，吃透教材，不仅可以引导学生多角度地进行比较、分析、综合，有效突破重点、难点，而且可以引导学生对现象进行抽象化，形成数学概念。

（1）直观形象化。

在小学数学教学中，有些学习内容是学生几乎无法凭常规条件和能力进行观察、体验的。例如，在教学"万以内数的认识"时，让学生直观操作小棒是不现实的，而对数的认识，对于低年级学生来说还是数一数更直观，更容易理解。教学时，我利用信息技术手段来展示新知识的生成过程：将10个小正方体叠加成一竖列，一个一个地数，10列就是10个10，也就是100，课件把这10列连续排在一起成了100。一百一百地数，10个100就是1000，动画生成10个100连续排在一起成了一个大正方体，也就是1000个小正方体。再一千一千地数，10个1000就是10000。这样，学生便经历了"万"的形成过程，不仅有效地突破了教学难点，还培养了学生的空间想象力。

教师巧妙应用信息技术，可以打破时空限制，使单调的讲解变成生动的演示，使抽象的讲解形象化，枯燥的讲解生动化。

（2）抽象概念化。

数学抽象是数学的基本思想，是形成理性思维的重要基础，它反映了数学的本质特征，并贯穿数学产生、发展、应用的全过程。基于对数学抽象的理解，我在"平面图形的再认识"一课中巧妙地利用几何画板做动态演示，辅助学生完成对图形本质特征的抽象概念化。教师都知道：平面直线图形面积都可以用梯形面积公式来计算，而如何引导学生认识到这一点，是教学的难点。也就是说，不同的平面直线图形面积计算"不变的"特征是什么，这一点学生不易发现。下图的演示就为学生做了直观的展示（图1-15）。

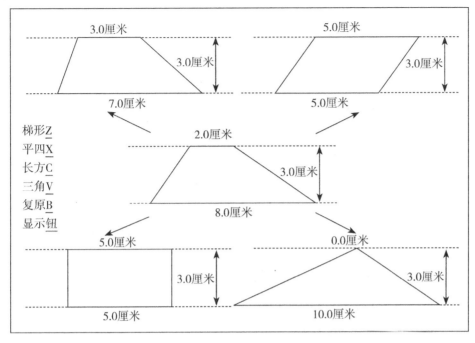

图1-15

通过信息技术的演示，学生可以看到直线图形的转化过程，并认识到：在面积不变、高不变的前提下，梯形可以转化为形状不同的梯形，也可以转化为平行四边形、长方形或三角形，并且在转化的过程中，上下底之和始终保持不变。所以，对于这几个平面直线图形都可以利用"（上底+下底）×高÷2"来计算面积。

以信息技术作为教学手段，实质上是以信息技术作为演示工具，应用信息技术为教师提供展示特定内容的资源环境，从而提升课堂教学实效。这种形式的教学过程可以用图1-16表示。

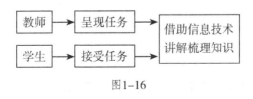

图1-16

2. 用信息技术学习：自主拓展，知识重构

对于小学数学课程，在教学中，教师要关注教学内容的现代性，增加拓展

性知识，并创建体现现代教学特点的非线性学习方式，让学生适当了解当今社会自然、经济、科技等方面的发展。许多数字化产品都附有丰富的学习资源，学生可以根据自己的需求进行筛选。

例如，执教"年、月、日"一课时，课末提出："你知道年、月、日的来历吗？"由于生活经验、环境和知识面的限制，很少有学生懂得奇妙的宇宙知识。教师可以指导学生利用网络技术进行自主学习，通过搜索获取新的信息并对信息进行甄别筛选，再与其他同学交流，从其他同学那里获取相关信息，从而掌握更多的数学知识和方法。又如，教学"路程、速度、时间"一课时，我引出了高铁的速度，让学生课后上网查阅高铁的相关资料，于是，高铁相关的知识就走进了学生的视野，激发了他们的兴趣，在他们心中种下了数学的种子。

通过这些活动，学生在分析任务，查找、筛选、重组信息方面得到了训练，处理信息的综合能力得到了提升。这些做法使学生的认知需求得到满足，同时有助于他们在自己感兴趣的领域深入学习，形成认知体系，并促进学生由被动学习向自主学习转变，由个别学习向协作学习转变，由接受式学习向探究式学习转变。

将信息技术作为学习手段，我们期望的目标是利用信息技术为学生提供优质的资源和数字化的学习环境（如多媒体学习环境、虚拟现实学习环境、网络学习环境等），使学生以学习课本知识为基础，拓展知识的广度和深度，开阔思路，提高收集与筛选信息的能力，帮助学生实现自主探究、自主学习。这种形式的教学过程可以用图1–17表示。

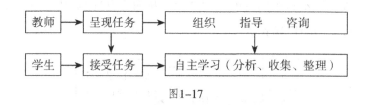

图1–17

3. 用信息技术创设学习环境：数学探究，形成特色

小学生大都具有强烈的好奇心，受好奇心的驱使，他们认知新事物并学习新知识。心理学研究表明，好奇能形成一种特殊的心理需求。这种心理上的

认知需求可以转化为学习的动机，诱发学习兴趣，促使学习者去探索有关的事物，去获得信息。

在数学学科教学中，我们大力提倡培养学生的数学探究兴趣，因为这既是教学成功的突破口，也是使学生学习自主化，并使他们形成创新意识、提高创造力的重要条件，这对培养学生的数学素养大有帮助。

例如，四年级下册的"栽蒜苗"教学中，由于种植周期比较长，如果仅仅按课本来讲解折线统计图，学生的积极性不高。在教学中，教师可提前让学生每天坚持给植物拍照或录一小段视频，并通过网络平台交流展示自己的成果。各学习小组还可利用信息技术将原始资料结合自己的设想和构思，用不同的形式记录植物生长的过程，并制成具有个性的综合展示作品。通过这样的学习，学生的学习兴趣会越来越浓，自主探究会越来越多，探究的程度也会越来越深，其数学素养也会不断提升。

在用信息技术创设学习环境的过程中，信息技术为学生提供了丰富的资源和独特的学习环境，同时它也是信息加工的工具、小组合作的工具，更是学生与学生、学生与教师交流的工具。这种形式的教学过程可以用图1-18表示。

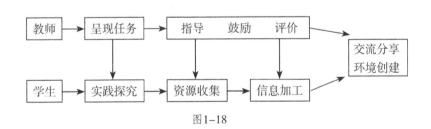

图1-18

五、研究的方法

调查研究法、文献查阅法、实验研究法、经验总结法。

六、研究的成效

（一）科学提炼出"信息技术与小学数学教学深度融合"的教学模式

1. 动态教学模式："四导"教学法（图1–19）

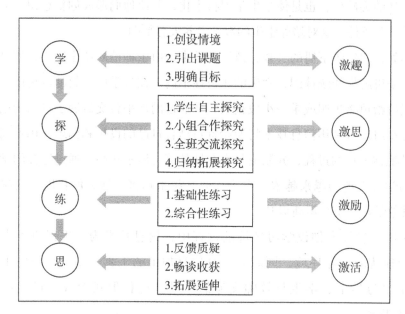

图1–19

目前，该模式也在学校的语文组、英语组推广应用。

2. 各流程定位与设计

（1）导学（图1–20）。

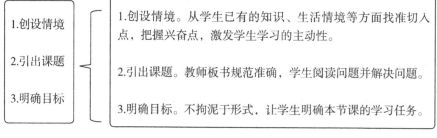

图1–20

（2）导探（图1-21）。

1.学生自主探究	1.学生自主探究。①看懂的地方，用心记下来。②不懂的地方，用笔画下来。
2.小组合作探究	2.小组合作探究。①每个学生在组内分别讲述自己学会了什么。②不懂的地方组内讨论解决。
3.全班交流探究	3.全班交流探究。①学会的、看懂的是什么？②组内未解决的问题班内交流解决，教师适时补充引导。
4.归纳拓展探究	4.归纳拓展探究。①尝试解决问题（可以在黑板上和本子上）。②鼓励学生讲解题思路、解决的过程。③教师小结答题格式、注意事项，规范答题习惯。

图1-21

（3）导练（图1-22）。

| 1.基础性练习 | 1.基础性练习。①出示基础性训练题目。②指名一名学生在黑板上解决，其他学生在练习本上解决。 |
| 2.综合性练习 | 2.综合性练习。①出示综合性练习题目。②学生在规定时间内独立答题。③统计答题情况。 |

图1-22

（4）导思（图1-23）。

1.反馈质疑	1.反馈质疑。①学生谈本节课的学习还有哪些不懂的或者有不同意见的地方。②师生共议解决。
2.畅谈收获	2.畅谈收获。学生从知识习得、方法运用、情感态度等方面畅谈（可以谈自己，也可以评别人、评全班、评方法、评态度、评参与）。
3.拓展延伸	3.拓展延伸。教师对知识体系进行完善、升化、拓展。

图1-23

（二）充分促进了教师多维度教科研能力的开发与提升

（1）课题与教研的"引"与"合"：更新数学学科教师教育教学理念。

（2）课题对教师的"激"与"发"：在研的同时，课题组教师的专业素养得到大幅度提升，其中CN刊物发表相关论文8篇，获奖的相关论文、教学设计、微课等共计20篇次，省、市、县获奖的优质课、课例有15节，送教下乡（县和省名师工作室组织）课程有3节，有5人获得小学数学高级教师职称，1人被市委市政府确定为梅州市第八批市拔尖人才，3人获得市级荣誉，5人获得县级荣誉。

（三）有效拓展了"深度融合"下学生素养发展的广度和深度

培养学生的学科综合素养和实践能力，促进学生自主、全面地发展。学生运用信息工具的能力得到了加强，学习、获取、处理信息的能力得到了提高，生成加工信息的能力得到了提高，在省、市、县举办的"小小科学家""创客比赛"等各项比赛中获奖达66人次。

仅以实验班的300名学生为例，他们运用信息工具的能力、处理信息的能力、生成加工信息的能力远远超过同类学校同类学生的平均水平（图1-24）。

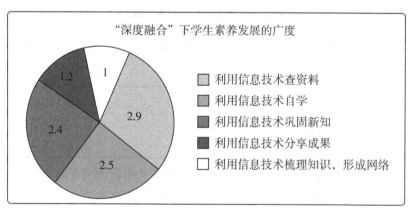

图1-24

近两年来，我校学生在省、市、县举办的"小小科学家""创客比赛"等各项比赛中，2018年课程研究实施后比2017年实施前获奖人数明显增加，居乡镇之首（图1-25）。

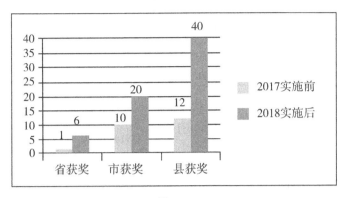

图1-25

（四）集中展现了学校多元教育理念下的变化与发展

通过研究形成了以幸福为目的的深度融合文化，同时也营造了以师生互动为特色的科研氛围，我校数学组被评为首个"平远县示范教育组"，学校摘取了"平远县教学质量优胜单位"的桂冠，荣获"平远县速算先进单位"称号。

七、结论

本课题立足农村学校，以实验研究为基础，审视信息化的趋势，实施原则与策略全面达成预期目标，站在创新教育的高度找到信息技术与小学数学课堂教学的融合点（教学融合、学习融合、环境融合），从知识进阶、支撑落地、盘活发展三个维度，促进师生数学核心素养的提升，成果显著，为农村学校推进信息化教学提供智库功能；为学校课堂教学改革提供科研支持的助推功能；为教师专业发展提供研训一体培训的引领功能。我们课题组将把"革命性影响""深度融合""内生变量"等教育领域的理念应用于教育教学实践，扬长避短，引领农村教育现代化向更深处迈进。

八、研究成果列表

在CN刊物发表相关论文8篇，省、市、县获奖的论文、课例等有35篇，送教下乡4节，5人获得小学数学高级教师职称，4人获市级以上荣誉称号，5人获得县级荣誉。具体见表1-7。

表1-7

成果名称	作者	形式	完成年月	出版单位或发表刊物名称、刊号	获奖、转载、引用、应用情况
以信息技术为载体 培养学生思维力	刘静娴	论文	2019年10月	《中学课程辅导·教育科研》（CN14-1307/G4）	发表
现代信息技术与数学课堂的有效整合	刘静娴	论文	2018年7月	《广东教学·教育综合》报（CN44-0702）	发表
让数学的本源在课堂尽情起舞	刘静娴	论文	2018年1月	《小学数学教育》（CN21-1426/G4）	发表
运用信息技术打造高效课堂	饶丽	论文	2018年5月	《新课程》（CN14-1324/G4）	发表
新课改下小学数学课堂教学方法实践探索	饶丽	论文	2019年4月	《新课程》（CN14-1324/G4）	发表
在课堂中如何提高学生学习数学的兴趣	饶丽	论文	2018年12月	《试题与研究》（CN41-1368/G4）	发表
以信息技术为载体让数学课堂更具魅力	林雪华	论文	2019年7月	《中学课程辅导》（CN14-1307/G4）	发表
信息技术让语文课堂"活"起来	林清平	论文	2019年10月	《学校教育研究》（CN41-1055/C）	发表
说课《核心素养从活动"浸润"中来》和现场教学《认识长方体》	刘静娴	优质课	2018年12月	—	梅州市一等奖（第一名）

续 表

成果名称	作者	形式	完成年月	出版单位或发表刊物名称、刊号	获奖、转载、引用、应用情况
认识长方体	刘静娴	优质课	2019年3月	—	获一等奖，在《梅州教育》2019年第3期封面进行宣传
现代信息技术与小学数学的整合策略	刘静娴	论文	2019年12月	—	获广东省教育学会2019年度学术论文评比三等奖
从"有用"走向"有效"——现代信息技术辅助课堂的思考和探索	刘静娴	论文	2018年1月	—	获2018年广东省论文评比二等奖，市一等奖
关注数学思维培养核心素养	刘静娴	论文	2019年5月	—	获2019年梅州市数学论文评比一等奖
合理运用信息技术优化小学数学教学	曾志文	论文	2019年5月	—	获2019年平远县数学论文评比二等奖
"什么是面积"教学设计	刘静娴	教学设计	2018年4月	—	获2018年广东省教学设计评比一等奖
基于学生的已有经验教学"综合与实践"	刘静娴	论文	2017年6月	—	获2017年广东省论文评比二等奖，市一等奖
神奇的莫比乌斯带	刘静娴	课例、教学设计	2017年4月	—	省观摩研讨课

续 表

成果名称	作者	形式	完成年月	出版单位或发表刊物名称、刊号	获奖、转载、引用、应用情况
用字母表示数	林小芳	课例、教学设计	2017年4月	—	省观摩研讨课
神奇的莫比乌斯带	刘静娴	课例、教学设计	2018年2月		获评2017年"一师一优课、一课一名师"市级优课
四年级下册练习一	刘静娴	课例	2018年10月	—	获评2018年"一师一优课、一课一名师"省级优课
确定位置（一）	刘静娴	课例	2018年5月		在广东省教育研究院主办的全省乡村骨干教师研修班展示
乘法分配律	刘静娴	课例、教学设计	2018年11月		在平远县主办的2018年送教下乡活动中展示
数图形的学问	刘晓娟	课例	2018年11月	—	在平远县主办的2018年送教下乡活动中展示
说课《让数学思想在学生心中播下种子》和现场教学《整理和分析数据》	刘晓娟	优质课	2018年12月	—	梅州市一等奖
圆的周长	刘静娴	微课	2018年8月	—	获平远县首届中小学教师微课比赛一等奖
认识角	黄敏娥	微课	2018年8月	—	获平远县首届中小学教师微课比赛三等奖

续 表

成果名称	作者	形式	完成年月	出版单位或发表刊物名称、刊号	获奖、转载、引用、应用情况
梯形的面积	饶 丽	微课	2018年8月	—	获平远县首届中小学教师微课比赛三等奖
相遇问题	饶 丽	优质课	2018年5月	—	获2018年全县优质课评比二等奖
反比例	林雪华	优质课	2019年5月	—	获2019年全县优质课评比二等奖
在探索环节中的信息技术应用策略	饶 丽	论文	2017年7月	—	获2017年平远县论文评比一等奖
运用多媒体教学让数学课堂更具魅力	林雪华	论文	2017年7月	—	获2017年平远县论文评比一等奖
巧用多媒体教学，让学生快乐学	黄敏娥	论文	2017年7月	—	获2017年平远县论文评比一等奖
合理运用信息技术，提高数学课堂效率	曾志文	论文	2017年7月	—	获2017年平远县论文评比一等奖
信息技术与课堂教学的深度融合	马 芳	优质课	2017年4月	—	2017年平远县优质课评比一等奖
信息技术与课堂教学的深度融合	李娟娟	优质课	2017年4月	—	2017年平远县优质课评比一等奖
"乘法分配律"教学设计	刘静娴	教学设计	2018年12月	—	2018年全县小学数学教学设计评比一等奖

成果名称	作者	形式	完成年月	出版单位或发表刊物名称、刊号	获奖、转载、引用、应用情况
"用字母表示数"教学设计	林小芳	教学设计	2018年12月	—	2018年全县小学数学教学设计评比一等奖
"三角形面积"教学设计	黄敏娥	教学设计	2018年12月	—	2018年全县小学数学教学设计评比一等奖
"线段直线射线"教学设计	饶丽	教学设计	2018年12月	—	2018年全县小学数学教学设计评比一等奖
"圆锥的体积"教学设计	林雪华	教学设计	2018年12月	—	2018年全县小学数学教学设计评比一等奖
"乘法分配律"教学设计	李焕平	教学设计	2018年12月	—	2018年全县小学数学教学设计评比二等奖
"圆的周长"教学设计	刘伟兴	教学设计	2018年12月	—	2018年全县小学数学教学设计评比二等奖
—	刘静娴	荣誉称号	2019年5月	—	被市委、市政府确定为梅州市第八批拔尖人才
—	刘静娴	荣誉称号	2019年8月	—	被评为梅州市教学工作先进教师
—	刘静娴	荣誉称号	2018年8月	—	被评为平远县先进教师
—	刘静娴	荣誉称号	2017年3月	—	被评为梅州市建功立业女能手
—	刘静娴	荣誉称号	2018年5月	—	被评为平远县优秀教研组长

成果名称	作者	形式	完成年月	出版单位或发表刊物名称、刊号	获奖、转载、引用、应用情况
—	林志达	荣誉称号	2018年8月	—	被评为梅州市优秀教育工作者
—	林志达	荣誉称号	2017年8月	—	被评为平远县先进教师
—	饶 丽	荣誉称号	2018年8月	—	被评为平远县先进教师
—	林小芳	荣誉称号	2017年8月	—	被评为平远县先进教师
—	刘静娴	职称评定	2018年12月	—	获得小学数学高级教师职称
—	林志达	职称评定	2018年12月	—	获得小学数学高级教师职称
—	饶 丽	职称评定	2019年12月	—	获得小学数学高级教师职称
—	黄敏娥	职称评定	2019年12月	—	获得小学数学高级教师职称
—	林雪华	职称评定	2019年12月	—	获得小学数学高级教师职称
数学教研组	教研组	荣誉称号	2018年6月	—	荣获平远县首个示范教研组
平远县速算比赛	刘静娴等老师	比赛	2018年10月	—	获一等奖
信息技术在小学数学图形面积计算中的应用	林志达	论文	2018年3月	《平远县东石中心小学优秀教研成果汇编（第二卷）》	发表
巧用现代信息技术，优化农村数学课堂	刘静娴	论文	2018年3月	《平远县东石中心小学优秀教研成果汇编（第二卷）》	发表
浅谈信息技术与小学数学教学的有效融合	林志达	论文	2018年3月	《平远县东石中心小学优秀教研成果汇编（第二卷）》	发表

成果名称	作者	形式	完成年月	出版单位或发表刊物名称、刊号	获奖、转载、引用、应用情况
信息化教学助力数学课堂	黄敏娥	论文	2018年3月	《平远县东石中心小学优秀教研成果汇编（第二卷）》	发表
运用信息技术打造智慧的数学课堂	林雪华	论文	2018年3月	《平远县东石中心小学优秀教研成果汇编（第二卷）》	发表
看日历	曾志文	教学设计和反思	2018年3月	《平远县东石中心小学优秀教研成果汇编（第二卷）》	发表

第二章

2

指向核心素养的
策略建设

第一节　指向核心素养的科研成果

　　将发展学生的数学核心素养落实到具体的教育教学实践中是推进学生核心素养培养的关键所在，值得我们深入思考和研究。本章汇集了作者指向核心素养的科研成果和教学实践，记录着核心素养理念下扎扎实实深入课堂，在课堂中的教学思考和实践探索历程，可以给山区一线教师更多的启示。

"五度"聚焦，让学习深度发生

　　深度学习是学生感知、思维、情感、意识、价值观的全面投入，是以学生为中心，以发展学生思维、提高学生思维能力为目标的深刻学习。深度学习需要创设问题情境，引发学生认知冲突，引领学生进行思维碰撞；深度学习需要围绕核心问题，鼓励质疑，激发思维，引导思辨，进而发散学生思维，创新学生思维，拓展学生思维的广度与深度，让学生经历数学思维过程，感悟和运用数学思想方法，使学生真正领悟数学本质，让深度学习真正发生。下面我将结合教学实践谈谈这方面的一些思考与做法。

一、聚焦教材，让深度学习有厚度

　　教师在钻研教材、设计教学时，往往比较关注教给学生哪些知识、技能，通过什么手段使学生获取知识，而忽视了挖掘教材中隐含的数学思想和数学方法，忽视了抓住数学本质进行探根寻底，使学生无法深层次理解所学知识。因此要让学生进行深度学习教师首先要深入挖掘教材，把握教材的重点、难点，跳出教材教数学，创造性地设计教学过程，让学生理解和掌握数学知识、技能，感悟数学思想方法，获得数学活动经验，让深度学习有厚度。

1. 挖掘教材内容的知识本质

小学生正处于以形象思维为主并逐步向抽象逻辑思维发展的阶段。基于小学生的年龄特征，教材编写时比较深奥的知识学理探究内容就被阻隔在教材之外，教学时，教师应避免知识的表层化理解造成学生思维表层化的现象，要创设蕴含数学知识的问题情境，使学生在解决问题的过程中进行深度思考，帮助学生建立深刻的表象，让学生悟出知识的本质，把握知识的本源，进而发展学生的高阶思维，真正彰显教材的价值。

例如，对于"3的倍数特征"的编写，人教版、北师大版、苏教版教材都未对3的倍数特征进行深究，仅停留在对"从两位数中3的倍数特征提出的猜想"进行验证，就归纳出了3的倍数的特征。这里学生仅仅知道规律的存在，并不知道这个规律为什么可以成立，即存在的合理性。所以教师解读教材还要再往前迈出一步，读出知识的本质，即"为什么'一个各个数位上的数的和是3的倍数的数一定是3的倍数'"，进而借助直观（分小棒）帮助学生理解知识的本质。具体如下："为什么2+6+1=9，9是3的倍数，那么261就是3的倍数？"因为，百位上的2表示2个100，100根小棒3根3根地分最后余1根，2个100根小棒3根3根地分最后余2根。十位上的6表示6个10，10根小棒3根3根地分，最后余1根，6个10根小棒3根3根地分，最后余6根。此时共余小棒2+6+1=9（根），9是3的倍数，所以261就是3的倍数。学习至此，学生不仅知道了"是什么"，还知道了"为什么"，这样的学习过程就是深度学习的发生过程。

2. 挖掘教材内容蕴含的数学思想

"学生在进入社会以后，如果没有什么机会应用数学，那么作为知识的数学，通常在出校门一两年后就会被忘掉，然而那种铭刻在头脑中的数学精神和数学思想方法会长期在他们的生活和工作中发挥作用。"数学思想方法是处理数学问题的指导思想和基本策略，是数学教学的灵魂。所以，教学时教师应读懂教材，看出教材隐藏的暗线，把握住教材蕴含的数学思想。

例如，在教学"三角形的面积"这节课时，教师要把转化思想及其方法当作重要的教学目标，在引领学生探究三角形的面积计算公式时，教师要有机地把数方格的方法和转化的方法融为一体。在教学时，教师先用课件出示方格图提示学生每个方格的面积为1平方厘米，不足一格的按半格计算。再问学生"怎样才能让人一目了然地看出你是怎么数的？"激发学生自主探究的兴趣，展示学生数方格的方法（图2-1）。接着又提问学生："刚才这些同学，其实都在做一件相同的事，是什么呢？"随后让学生动手，引导学生研究从特殊的直角三角形入手，积累从特殊到一般的研究方法，并自主探究转化的方法（图2-2），促使学生思考与感悟，进行理性提升，渗透把不规则转化成规则的思想，引导学生感悟转化的数学思想方法，让深度学习变得有厚度。这样引导学生利用不同方法探究、发现、验证得出结论，不仅能沟通新旧知识之间的联系，而且有利于学生学会探究几何图形的基本方向和方法。

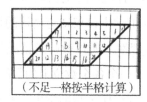
（不足一格按半格计算）

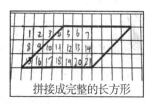
拼接成完整的长方形

图2-1

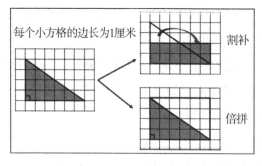

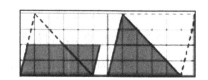

图2-2

二、聚焦情境，让深度学习有温度

深度学习的情境创设和一般意义上的情境创设是有区别的，它不是脱离教学内容、主观臆造、一味地追求儿童化的为情境而情境的摆设。教学情境不能过于情境化而没有数学味。苏霍姆林斯基认为："人的心灵深处都有一种根深蒂固的需要，就是希望自己是一个开发者、研究者、探索者。"让学生参与知识的发现和创造，他们的理解才会深刻，也最容易掌握知识规律、性质和它们之间的联系。这就要求教学情境的创设具有开放性和探索性，对学生具有挑战性，通过情境引导学生进行观察、操作、猜测，鼓励学生从多个角度提出问题、思考问题和解决问题。深度学习的情境应该具有一些新的特征，它应该是创造合适的氛围使学生进入探究学习的状态，让学生在有温度的情境中感受学习的乐趣，激发数学思考的潜力。也正如第斯多惠所说：教学的艺术不在于传授知识的本领，而在于激励、唤醒和鼓舞。

例如，在教学"平行四边形的面积"这节课时，教师首先提出："如何求平行四边形的面积呢？"然后鼓励学生猜想。有的学生就存在这样的想法：因为长方形的面积等于长乘宽的积，所以平行四边形的面积也可以用邻边相乘计算。"那么平行四边形的面积是不是可以用邻边相乘来计算呢？"教师以问题为内驱力，拨动学生思维之弦，激发学生的探究欲望，利用学生思维的负迁移产生思维的碰撞，激发学生认知需求，进而使学生达到"心求通而未得，口欲言而不能"的境界；接着，再引导小组讨论交流，进行思维碰撞，让学生在有温度的情境中进行深度探究学习。

三、聚焦思辨，让深度学习有深度

弗赖登塔尔指出："反思是数学思维活动的核心和动力。"反思不是一般意义上的回顾或总结，而是针对自己的学习活动、过程进行反省、思考和分析。学生完成数学学习活动后，教师要引导学生思辨，让学生从学习活动中提炼出一些学习经验，使学生从感性认识向理性认识提升，从而让学习更有深度。

例如，在教学"乘法的初步认识"时，我设计了这样一个富有挑战性的问题："4+4+4+3可以怎样计算？"我激发、鼓励学生："现在就发挥大家的聪明才智，看谁的方法多、谁的方法妙。"然后放手让学生自主探索。学生个个跃跃欲试，课堂气氛异常活跃。在汇报时，学生的计算过程中出现了多样化的计算方法，有的学生从左到右依次计算，有的学生用"4×3+3"这种比较简便的方法计算，这是两种常见的计算方法。为了多方位、多角度地培养学生的创新思维，让学生学会创造性地计算，我在肯定上述两种计算方法的同时，继续启发、鼓励学生探索："还有其他的计算方法吗？"稍停顿后，我在"4×3+3"算式中的"+3"下面画上一条红线，并进一步点拨提问："还可以把'3'怎样转化，得到更有创新的计算方法？"学生经过一番思考后又创造出另外三种计算方法：4×4-1；3×5（3+3+3+3+3）；5×3（5+5+5）。在教学过程中我适时启发、点拨、引导，教给学生思考方法，将新知识与已学过的知识联系起来，促使学生利用已有的知识经验，实现了知识的再发现、再创造。

在数学教学中，教师应当成为学生学习的激励者、帮助者和引导者，应教给学生学习方法，启发、引导学生学会思考，培养学生发现问题、提出问题、分析问题和解决问题的能力，同时促进学生形成乐学、好学、会思、善思的良好思维品质，使学生积累数学活动经验，提升数学思维能力，努力实现"教是为了不教"的目标。

四、聚焦问题，让深度学习有宽度

问题是数学的心脏。数学课堂中的问题设置对学生的学习有着重要的作用。关键恰当的问题能给学生的学习提供一定的引领作用，引导学生开展数学思考。特别是在通过探究获得新知之后，学生往往满足于知识的获得却较少思考为什么要这样。因此，在教学中教师要重视利用数学核心问题，驱动学生学习，要找准学生思考的"最近发展区"，抛出值得思考的问题，促进学生深度思考，引导学生经历再发现、再创造的过程，让深度学习有宽度。

例如，在教授北师大版六年级下册"图形的旋转"时，学生借助钟面进一步认识图形的旋转，初步会用数学语言简单描述旋转运动的过程。为了让学生深入理解旋转的三要素，我精心设计了操作问题："在方格纸上画出将线段*AB*顺时针旋转90°的轨迹。"教学时我引导学生先独立想象旋转的过程，再借助小棒模拟旋转，最后画图。我给予学生充分的探究时间，学生的解题策略是多种多样的（图2-3）。

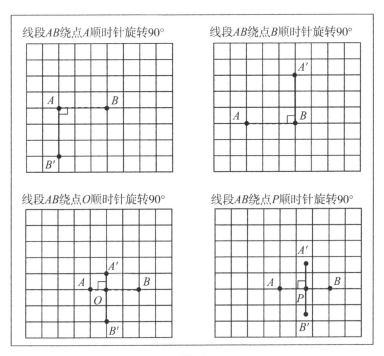

图2-3

这是一个含有旋转两个要素的开放性问题，能巧妙地激发学生的思考兴趣，拓宽学生的探究空间，引发学生的理性思考。围绕不同的中心旋转形成不同的图形，学生经历多角度、多策略解决问题的过程，感受解决方法的多样性，同时也加深了对旋转三要素的理解，丰富了对三要素的感悟，思考积极性得到了提高，创造性思维、空间观念也得到了发展。

五、聚焦思想，让深度学习有高度

《义务教育数学课程标准（2011年版）》从"双基"到"四基"，增加了数学基本思想和数学基本活动经验，但多数教师认为数学基本思想和数学基本活动经验是看不见、摸不着、可有可无的东西。实际上，数学基本思想是数学教学的灵魂，数学基本活动经验是数学学习的法宝，它们的形成需要在"做"的过程和思考的过程中积淀，在数学学习活动过程中逐步积累。数学思想和数学基本活动经验的获得依赖于多种数学活动，如观察、理解、提问、建模、论证等。因此，我们在数学教学中应该重视引导学生独立思考、主动探究、合作交流，使学生理解和掌握基本数学知识和技能，体会和运用数学思想方法，获得基本数学活动经验，让深度学习有高度。

例如，在教授"三角形的内角和"这节课时，教师引导学生推导三角形的内角和是180°，动手剪然后拼或是撕下来然后拼，正好都是一个平角（图2-4）。这个过程中教师既要重视引导学生经历猜测、剪拼、验证等探究过程，也要注意抓住契机渗透转化的数学思想方法，适时提炼学习方法，让学生体会、感悟和运用转化的数学思想方法，发展联想意识和迁移类推能力，培养想象、转化、比较、推理和归纳等能力。在此基础上，教师引导学生进一步将转化的思想方法进行迁移类推，思考以后学习四边形的内角和应该如何推导，进行课后拓展延伸，达到举一反三、触类旁通的效果。

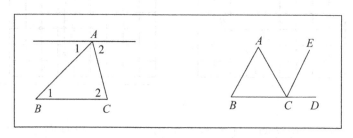

图2-4

在这样开放的探索空间中，教学过程呈现出双向的交流、动态的建构，在剪、拼的操作中还渗透了转化的数学思想，这类直接经验的获得是建构个人理解不可或缺的重要素材，学生在一系列有效的活动中不仅掌握了新知识，而且领会了数学的基本思想，积累了丰富的数学活动经验，从而提高了数学素养。

总之，深度学习不是一般的学习，它是基于学生主动参与的创造性学习活动。数学深度学习要聚焦挖掘教材，让学有厚度；要聚焦愉悦的情感体验，让学有温度；要重视批判理解，让学有深度；要关注核心问题，让学有宽度；要注重数学思想，让学有高度。教师要基于教学内容的特点和学情灵活施教，让深度学习真正发生、富有成效。

参考文献

[1] 于莎莎, 林亮.有序推进, 促进概念的深度建构——以"负数的认识"
教学为例 [J] 小学数学教育, 2019（1）: 64-66.

[2] 何仲秋, 牛兔功.巧设数学问题 驱动深度学习 [J] 小学数学教育,
2018（10）: 22-23.

[3] 汪涛.在辨析中走向深度学习 [J] 小学数学教育, 2019（18）: 27-28.

有序推进，让概念建构深度发生

——北师大版三年级下册"分一分（一）"教学片段与思考

数学概念是构成抽象数学知识的"细胞"，也是学生思维、认知的基础。认知心理学认为，概念教学要通过强化感知、提供范例、变式教学、拓展深化等方法对概念的内涵和外延进行全面而深度的把握，从而促进概念的深度建构。现以北师大版三年级下册第六单元"分一分（一）"的教学片段为例，探索在教学中如何促进概念建构的深度发生。

一、根植经验，初步感悟概念——概念建构深度发生的基础

概念教学能否充分展开取决于学生已有的认知结构与新概念之间是否平衡。因此，教学中教师要善于创设贴近学生生活的情境，激活学生已有的认知经验，使学生产生认知需求，促使其积极主动地展开学习。

教学片段一：

师：（出示"树"）相信大家已经发现了，屏幕上有一棵树，这棵树来自你们的脑海，没有发现吧？今天老师把它请出来了。这棵树有个特别的名字——智慧"数"，智慧"数"上结着"数果"。目前树上只有两个果子，当我们认识了像1、2、3这样一些整数后，树上就长出了"整数"果子（图2-5）。

后来我们又学习了什么数？

生：小数。

师：对，第二个"小数"果就是那个时候长出来的（图2-6）。今天，我们即将迎来一个新的果子——"分数"（图2-7）。

图2-5   图2-6   图2-7

师：看来有人已经对分数有所耳闻了。不论你听过还是没有听过，在这节课上，你想知道哪些关于"分数"的知识呢？或者说看到这棵树上的"分数"你的心中有什么疑惑吗？都可以说出来。

生1：分数是什么？

生2：为什么要学分数？

生3：分数怎么写？

生4：分数是什么意思？

生5：分数和整数、小数有什么区别？

……

教师整理学生的发言，引出本节课的研究重点：①为什么要学分数？②分数怎么读、写？③什么是分数？④学习分数有什么作用？（简单板书）

思考：这个环节，用大问题引领整节课的知识建构，使小学阶段学习的有关"数"的知识在学生头脑中重现，让学生在听、看、想中感受"数"的"成长"，初步在学生心中根植"数"的种子，让学生明白分数与整数、小数的简单关系。教师通过"你都想知道关于分数的哪些知识？看到分数的出现你都有哪些疑惑？"等问题激发学生学习的内驱力，让学生去主动思考、大胆质疑，带着问题进入本节课的学习，目标明确，任务清晰。学生不再是完全跟着教师盲目学习的提线木偶，而是一个个鲜活有生机的独立个体；教学目标也不再是教师的"秘密"，而成为大家共有的资源和信息，让学生的学习不盲目、不盲从。

二、多维思辨，触摸概念本质——概念建构深度发生的核心

概念教学不是教形式化的定义，而是追求思维上的真正理解。因此，教师要善于进行变式教学，提供丰富的素材，采取多种策略，引导学生进行观察、分析、比较、综合等多维思维活动，帮助学生逐渐剥离与舍弃非本质属性，抽取其本质属性，从而内化对概念的理解。

教学片段二：

活动一：说一说。

师：把4个苹果分给2个同学，应该怎么分？每人得到几个？

生：每人2个（图2-8）。

图2-8

师：把2个苹果分给2个同学，应该怎么分？每人得到几个？

生：每人1个（图2-9）。

图2-9

师：老师发现咱们班同学办事特别公平、公正，大家给每个人分的苹果都一样多，这种分法在咱们数学上叫作什么？

生：平均分。（板书：平均分）

师：那现在只有1个苹果，要平均分给2个同学，每人得到这个苹果的多少？

生：每人得到苹果的一半（图2-10）。

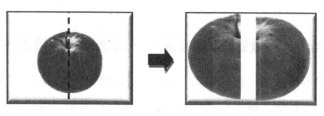

图2-10

活动二：辨一辨。

师：你会用自己的方式表示苹果的一半吗？

（学生独立完成，展示学生作品。）

师：你是如何表示一半的？给大家介绍一下。

生1：我是用画图的方法表示的，苹果平均分成2份，其中的1份就是一半（图2-11）。

图2-11

生2：我用线段表示苹果，平均分成2段，其中的1段就是一半，可以用以前学的0.5表示（图2-12）。

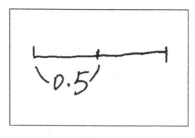

图2-12

生3：我用长方形代表苹果，把长方形平均分成2份，涂色的部分就表示一半，我用 $\frac{1}{2}$ 表示（图2-13）。

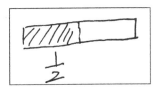

图2-13

师：这些方法都能表示苹果的一半。这三幅表示苹果一半的图画有什么共同特点吗？

生：不论画成什么样子，都是把这个图形平均分成了2份，将其中的1份涂色，涂色部分就表示苹果的一半。

师：三种表达一半的方式，你觉得哪种最好？

生1：我认为分数比画图好，它更简单，画图太麻烦。

生2：我认为分数比小数好，它能看出来平均分成了几份，一半是其中的几份，而小数看不出来。

生3：我认为分数能表示出部分与整体之间的关系，而小数做不到。

师：是的，这就是我们要学分数的原因了，因为它既简便又能表达小数所无法表达的意义。

师：所以，如果要选择一个数来表示苹果的一半的，谁最合适不过了？

生：$\frac{1}{2}$。

师：在这里，$\frac{1}{2}$ 就表示把这个苹果平均分成2份，其中的1份就叫作这个苹果的 $\frac{1}{2}$。

活动三：写一写。

师：$\frac{1}{2}$ 怎么写呢？我们一起来写一写，先写一横，你们猜这一横表示什么？

生：表示平均分。

师：平均分成几份？

生：2份。

师：所以在横线下面写"2"。他俩每人得到了其中的多少？

生：得到了其中的1份。

师：因此最后在横线上面写"1"。

师：那么这个分数就写作 $\frac{1}{2}$，读作"二分之一"。（学生小声读）

思考：每一个知识点都是学生在最基础的"元知识"上完成的，新知识的学习过程其实就是一个旧知的迁移和转化过程。当平均分的结果不能用整数表示，需要用新的数来表示时，分数出现的实际需要性就凸显出来了，学生对新知的特征的理解也就更深刻了。在上述教学中，教师通过分苹果的生活情境，让学生感受平均分的特点，引出"一半"的概念，建立分数与生活的联系，借助学生已有的生活经验，帮助他们理解一半就是1个苹果的 $\frac{1}{2}$，自然地引出分数。同时，教师引导学生发现不同表达方式下的同一性（①平均分；②2份；③取其中的1份），为学生理解分数的意义打下基础，让学生体会在"平均分"的前提下，分的是"谁"就是"谁"的 $\frac{1}{2}$，从而降低了分数概念理解的难度。

三、归纳概括，把握概念本质——概念建构深度发生的关键

不经过提升、内化、概括，难以准确把握概念的本质，教师需要及时提升学生在学习活动中积累的经验，让学生内化、概括在学习活动过程中获得的经验，从而加深对概念内涵与外延的把握和理解。

教学片段三：

活动四：涂一涂。

师：$\frac{1}{2}$ 非常调皮，你看它又躲起来了，你能找到下面这些图形的 $\frac{1}{2}$ 吗？请你先独立完成，然后跟同桌说一说你是怎样找到这些图形的 $\frac{1}{2}$ 的（图2-14）。

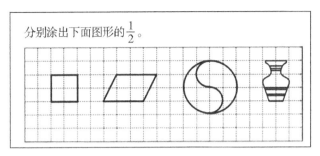

图2-14

你们找的方法一样吗？（教师巡堂）

请学生上讲台介绍：你是如何找到图形的$\frac{1}{2}$的？

学生选择其中一个自己喜欢的图形（学生作品如图2-15所示）。

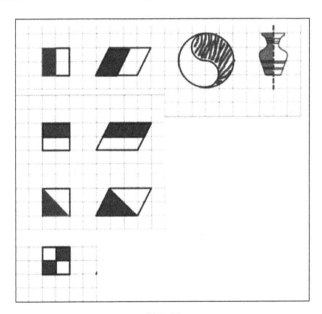

图2-15

师：说一说你是怎么做的。

生1：我选正方形，因为正方形里面有4个小方格，$\frac{1}{2}$就是涂2个小方格。

生2：我选平行四边形，斜着对折就是一半，所以我斜着画一个三角形就

是$\frac{1}{2}$。

生3：我选圆形，中间的这个曲线把它平均分成了2份，其中的1份就是$\frac{1}{2}$。

……

师：大家的涂法都完全相同吗？

生：不是。

师在大屏幕上展示不同的涂法（图2-16）。

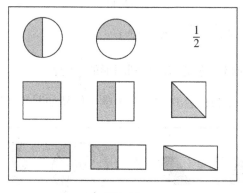

图2-16

师：为什么无论是同一种图形不同的涂法，还是不同的图形涂色部分都可以用$\frac{1}{2}$来表示呢？

生：因为不管怎么涂，都是把整个图形平均分成了2份，涂色部分都是其中的1份，所以都可以用$\frac{1}{2}$来表示。

师：涂色部分是整个图形的$\frac{1}{2}$，那没有涂色的空白部分呢？

生：也是$\frac{1}{2}$。

活动五：创一创。

师：是不是在分数的世界里只有$\frac{1}{2}$一个分数呢？

生：不是。

师：请大家拿出准备好的图形（图2-17），拿出两支水彩笔，选择一个自己最喜欢的图形，通过折一折、涂一涂的方法创造出一个属于你自己的除了$\frac{1}{2}$以外的新分数。用一支水彩笔将折痕描出来，另外一支水彩笔用来涂出你想要的数，完成以后将你的新分数介绍给你的好朋友，给他说一说你是如何得到这个新分数的。

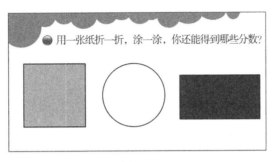

图2-17

展示自己的作品并给大家说一说你是如何得到这个分数的。（注意对学生语言的引导）

生1：（边折边说）我创造的是$\frac{1}{4}$，纸片这样先上下对折，再左右对折，折成一个小正方形，涂阴影的就是$\frac{1}{4}$（图2-18）。

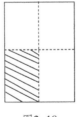

图2-18

师：图中还藏着一些分数，你能找到吗？空白部分也可以用分数来表示哦。

生2：我知道是$\frac{3}{4}$。

生3：（边折边说）我得到了2个分数，把这个圆纸片先左右对折，然后上下对折，再对折，折成一个扇子，打开就是平均分成了8份，灰色的是$\frac{1}{8}$，深灰色的是$\dfrac{2}{8}$（图2-19）。

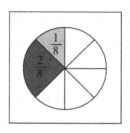

图2-19

生4：还有1个，空白部分是$\dfrac{5}{8}$。

师：真善于观察，为你点赞！

……

师小结：像（板书学生介绍的新分数）这样的数就叫作分数。

师：观察这些分数，它们是由哪几部分组成的？

生：三部分，横线、横线下面的数以及横线上面的数。

师：观察得很仔细。分数的这三个部分都有自己的名字。中间的横线叫作分数线，你们感觉它在分数中表示什么？

生：表示平均分。

师：对，分数线就提醒你一定要平均分，分数线下面的数字叫作分母。分母表示什么？

生：表示一共平均分成的份数。

师：母子连心，分数线上面的数字就叫作分子。分子表示什么意思呢？

生1：其中的几份。

师：对！这就是完整的分数。

思考：在上述教学中，教师让学生涂图形的$\dfrac{1}{2}$，学生呈现了多种涂法，形状也不同。在这里，多样化的涂法不是教师追求的目的，而是让学生在不同的涂法中"异中求同"，只要是将图形平均分成2份，其中的1份就是它的$\dfrac{1}{2}$，揭示了分数的本质，使学生对分数的认识全面化、完整化，并使学生在实践中进一步理解分数的意义，引导学生对分数认识的内化归纳，让学生在操作与演示中慢慢地孕育"分数"这颗概念种子的成长力，为后续分数的学习打下基础。

四、拓展升华，深化概念理解——概念建构深度发生的保证

概念理解后，还要依据教学内容和教学目标，进行合理的挖掘和延伸，使概念得以巩固、拓展、深化。

教学片段四：

1.生活中的数学

师：生活中处处有分数，大家看，我收集了几张图片（图2-20），你能从这些图片中找到哪些分数？你是怎样找到的？

图2-20

2. 播放分数演变的视频（图2-21），使学生体会知识从不完美到完美的不容易

在古代，人们在分东西时经常出现不是整数的情况。于是，渐渐产生了分数。

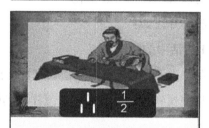

后来，印度人发明了数字，用和我国相似的方法表示分数。再往后，阿拉伯人发明了分数线，分数的表示成现在这样了。

早在2000多年前的秦汉时期，中国就有了分数，最初是用算筹表示的。

图2-21

师：仅一个分数的表示方法从不完美到完美就经历了几千年，这几千年已经过去了，未来还有很多个几千年，那未来知识的发展要靠谁了呀？

生：我们。

师：对，就像你们脑海中的这棵"树"一样（图2-22），现在一共只有3个"果子"，以后还会长出很多很多"果子"，那这些"果子"到底是什么，怎么读，怎么写，表示什么，就要靠你们自己去发现、去探索了。

图2-22

思考：在小学数学中，每一个知识都可以描述为从生活中来、到生活中去的一个过程。在上述教学中，教师让学生体会分数的产生来自生活实际的需要，了解知识的来龙去脉，让学生既知道数学知识"从哪里来"，也明白数学知识"到哪里去"，反映数学知识的应用过程，引导学生对生活中的数学现象具有一定的敏感性，认识到生活中处处有数学，数学就在我们身边。在主要教学活动结束后，学生大致了解了分数的发展史。教师引导学生体会知识并不是一下到位的，它经历了许许多多的人的思考与实践，是时间与智慧的双重结晶，在未来，他们自己便是智慧中的一个个个体，还有很多知识等着他们去学习，还有很多未知等着他们去探究、去发现，还有很多不完美等着他们去完善……这在感情上是一种升华，在他们的精神世界中是一种小刺激，说不定就激发了一个伟大的数学家。教师在整个教学过程中，应该时时刻刻比学生站得高、看得远，因为只有这样，在将来的某一天，学生才能站得更高、看得更远。

总之，建构概念的核心是理解，用怎样的教学方式提高学生的概念理解水平是需要教师不断研究的永恒主题。教师应该高屋建瓴地深入理解概念，准确把握学情，精心设计"导入—形成—巩固—深化"学习路径中的每一个环节，有序推进，帮助学生深度建构数学概念，发展数学核心素养。

参考文献

于莎莎，林亮.有序推进，促进概念的深度建构——以"负数的认识"教学为例 ［J］小学数学教育，2019（1）：64-66.

指向核心素养的数与代数基本活动经验形成路径

——以北师大版四年级上册"乘法分配律"的教学为例

小学阶段的数与代数学习领域，无论是数的认识、数的运算的学习，还是式与方程、正反比例、探索规律的学习，都离不开与之相关的数学基本活动经验的积累与提升。如何让学生在数与代数领域的学习中获得基本的数学活动经验？教学实践表明，数学活动经验是在学生原初经验的参与和影响下，在经历数学活动过程之中所留下的感受、体验和感悟。下面结合"乘法分配律"教学实践，试抛教学实践思考之砖，以引经验分享之玉。

一、激活经验，唤起学习的"兴趣点"

美国著名教育家杜威提出：教育就是经验的改造或改组。这一论断说明，任何一个小学数学知识内容的学习，都必须在学生原有经验的基础上进行经验的改造和改组，以形成新的数学活动经验。如果没有必要的原初经验作为学习活动的支撑，学习活动则无法顺利进行。数与代数的学习也一样，学生往往具备丰富的生活实践及初步认识的经验。因此，基于数学活动经验形成的数与代数教学应注重原有活动经验的激活，在依据学生已有经验找准学习起点的同时，为学生丰富新经验、理解新经验奠定认知及情感经验基础。

教学片段一：

1. 根据算式，提出问题——引出乘法分配律的"雏形"

（1）同学们个个都是编题高手，现在把难度升级，如果只给你算式，你能够根据算式提出生活中的数学问题吗？

课件出示：

算式1：（5+7）×4

算式2：5×4+7×4

（出示算式，两大组学生互相看不到另一个大组的算式。）

师：谢谢你们自信的回答。这样吧，刘老师把全班分成两大组，第1、2组的同学根据算式1，第3、4组的同学根据算式2来提出现实生活中的数学问题并清楚地记录下来。

（2）学生活动。

2. 分组展示，互猜说理——建立乘法分配律的"形"

刚才同学们都讨论得很热烈、编得很起劲，下面哪个小组来展示一下你们组编的数学问题？

（1）展示第3、4组根据5×4+7×4编的部分数学问题。

（2）师：请一位小组长来读读你们组编的数学问题。

生：我请第1、2组的同学来猜猜看，我们是根据哪一道算式来编的？

生：（5+7）×4。

生：我认为是5×4+7×4。

师：（追问）真是奇怪了，刚才有的同学猜的是（5+7）×4，这到底是怎么一回事？谁来说说其中的道理？

生：（5+7）×4是先算一瓶普通牛奶和一瓶脱脂牛奶的价钱是12元，再乘4就可以算出各买4瓶共花的钱；而5×4+7×4是先分别算出4瓶普通牛奶的价钱和4瓶脱脂牛奶的价钱，再把它们加起来，都是一样的。

生：我还发现，它们的得数也是相同的，这两个算式都可以解决刚才这个小组编的数学问题。

师：原来如此！

（3）展示第1、2组根据（5+7）×4编写的部分数学问题。

师：这一回老师挑选一道第1、2组同学编的数学问题，请3、4组的同学来猜一猜。

学生读并展示，学生猜想是哪个算式并说出看法。

（4）教师小结：虽然这两个算式"长"得不一样，但都可以解决这个数学问题。刚才你们小组编的数学问题是不是都可以用黑板上的两个算式来解决？

思考：乘法分配律概念的建构需要丰富的素材，本环节选取了两道学生提出的数学问题，以互猜算式和追问的方式展开，让学生在解决问题、交流解决问题的方法与结果等活动中联系乘和加两种运算，让学生的学习与经验对接，在课的开始就唤起学生的现实生活经验，沟通这两种运算之间的本质联系，并借助数量关系使"分开算"与"合起来算"两种解题思路建立联系，使学生已有的认知和乘法分配律相互发生作用，在相互作用中逐渐建立乘法分配律左右两部分算式的结构认知和意义认知，进而从本质出发建立乘法分配律的"形"。此环节迎合了学生的学习心理和探究需要，唤起了学生探究的兴趣点，实现"唤起"和"迁移"的双赢，有利于学生的进一步探究。

二、利用经验，找准知识的"生长点"

在数与代数的课堂教学中，教师应立足学习内容的特点，依据学生的心理特征，抓住生成数与代数基本活动经验的"生长点"，创设多种形式的学习情境，从丰富学生数与代数的实践活动经验、思维活动经验、情感体验经验等视角和途径，促进学生数与代数活动经验的不断再生和丰富，使学生积累全面的数与代数的活动经验。

教学片段二：

师：哇！看来这两个算式真的很神奇，刘老师这有一个图更神奇，它可以把大家编的数学问题全部都表示出来，信不信？

（1）出示点状图，沟通与算式5×4+7×4的联系（图2-23）。

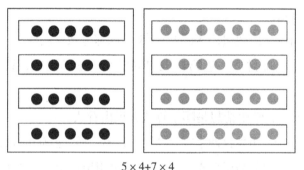

5×4+7×4

图2-23

① 看到这样的点状图，结合刚才咱们编的数学问题，你会联想到什么？

② 学生汇报。

③ 小结：对呀，孩子们，刚才大家编的数学问题是不是都可以像这样先分别算出两部分的数量，然后再把两部分的积相加呢？

（2）出示点状图，沟通与算式（5+7）×4的联系（图2-24）。

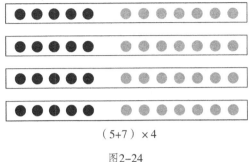

（5+7）×4

图2-24

① 请你继续观察，如果点状图变成这样，你还会把刚才咱们编的数学问题和这个点状图联系起来吗？

② 学生汇报。

③ 小结：你们真的了不起！通过仔细观察和认真思考，有了这么多的发现。

（3）竖着观察，凸显乘法意义的本质（图2-25）。

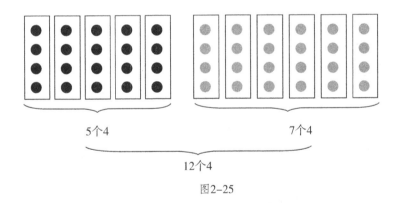

5个4　　　　　　7个4

12个4

图2-25

① 如果咱们换个角度，竖着来观察，你还会发现什么？

② 学生汇报（红点有5个4，蓝点有7个4，合起来就一共12个4）。

③ 教师板书：

<u>（5+7）×4</u>=5×4+7×4

12个4=5个4+7个4

④ 提问：那这两个算式，我们可以用一个什么符号进行联结？

思考：如果说从算式到问题提出是激活经验、建立联系的过程，是让学生

87

进行独特的思维活动，那么联想则孕育着数学思维与推理，从点状图让学生将具有分、合特征的算式联想到自己所提出的数学问题，则是"逼"学生尝试建立图形模型的过程，是将数学认识从具体经验向理性层面提升的过程。学生知识的"生长点"就是从不同的角度理解（5+7）×4=5×4+7×4。教师基于学生的学习经验，结合点状图引导学生根据乘法的意义——"几个几加几个几等于几个几"来剖析为什么（5+7）×4=5×4+7×4，使学生对乘法分配律的认识知其然且知其所以然。这是借助乘法的意义从本质上完成对乘法分配律的数学表征，从乘法的意义的角度去理解乘法分配律，剥去乘法分配律外在的"形"，侧重于理解乘法分配律的"魂"，从而使学生的学习从生活走向数学，从旧知走向新知，从简单走向深刻，发展学生的探究能力。

三、调整经验，突破探究的"拐弯点"

数学学习活动的目的是促进学生数学基本活动经验的再生，从而形成再生经验。数学活动经验是在学生已有原初经验参与和影响下，在经历数学活动过程之中所留下的感受、体验和感悟。

教学片段三：

1. 观察算式，理解内涵

师：刚才我们通过编写生活中的数学问题和观察点状图，得到了黑板上的这组等式。可是，画上等号不是我们学习的结束，恰恰是我们研究的开始，老师在想：这两道算式结果是相等了，那算式之间究竟有没有什么联系呢？

（1）学生汇报（突出分别）。

（2）小结：你真会思考！两个数相加的和乘一个数都等于这两个加数分别与这个数相乘，再把两个积相加，结果不变。这样的现象是规律吗？

2. 完善模型，主动建构

（1）哦，既然如此，现在老师写出一道算式，你能很快写出一道与它相等的算式吗？

板书：（   ）=72×5+28×5。

（2）学生汇报。

（3）结果究竟相等不相等？

（4）如果老师写出的是左边的算式：（100+2）×7=（　　　　），你会很快地写出右边的算式吗？

（5）生汇报：$100×7+2×7$。

（6）师：哎！看来你们还真发现了一些规律。那具备这种规律的等式就这三个吗？那有多少？（无数个）

3. 举例验证，揭示课题

（1）师：口说无凭，咱们也不说无数个例子了，你能写出像这样的等式来吗？下面就请大家在练习本上试着写一写，再验证两边是否相等，最后同桌相互交流自己写的算式。

（2）学生独立完成后，教师指名汇报。

（3）师：这样的例子能举完吗？有举到反例的吗？万一有一个反例偏偏我们没有找到怎么办？确实，凡是符合这样规律的两个算式的结果都是相等的。现在问题来了，都说有无数个这样的例子，如果非要你写出一道等式包含所有的例子，你会吗？

（4）［板书：$(a+b)×c=a×c+b×c$］在数学里，为了简便易记，一般用$(a+b)×c=a×c+b×c$来表示这个规律，今天我们发现的这个规律叫作乘法分配律。（板书课题）

思考：让学生将等式左右两边的算式连起来对比分析观察，把难点一点点分解开，在让学生补充等式另一边算式的思考过程中，乘法分配律由算式表征的发现，升华到结合乘法的意义的主动建构，这时学生对乘法分配律的感悟和表达有了质的飞跃。接着通过举例验证、解释说明，学生更好地实现了抽象推理与概括，顺理成章地用字母表示乘法分配律，并理解了乘法分配律的生成过程和意义，培养了归纳、抽象、推理和概括的能力。这样及时地将零散的数学经验提升为系统的数学活动经验，可以帮助学生建构合理的数与代数认知的经验系统，在整合数学经验知识的过程中提升学生的数学思维层次，促进学生形成数与代数的思维模式，发展学生的数学核心素养。

四、提升经验，完善思维的"结构点"

当下各种版本的小学数学教材在数与代数领域的编排一般都体现了"算用结合"，都是在学习了某一新知识后编排相应知识的应用。这样的编排一方面在应用中进一步加深学生对所学知识经验的理解，另一方面培养学生应用意识和运用数学活动经验解决问题的能力。基本数学活动经验具有明显的实践性，它既生成于数学现实，形成于数学实践活动过程之中，又应用于现实的问题解决，并伴随着学生的数学实践运用活动而发展和提升。因此，在数与代数的课堂教学中，教师应引导学生将数与代数相关的活动经验学以致用，使之形成灵活的、可迁移的经验，提高学生在数与代数领域解决问题的实践能力。

教学片段四：

1. 猜一猜

聪聪在学习乘法分配律时也写了几组等式，可是不小心被墨水弄脏了（图2-26），猜猜他写的等式原来是怎样的。

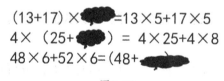

$$(13+17) \times \blacksquare = 13 \times 5 + 17 \times 5$$
$$4 \times (25 + \blacksquare) = 4 \times 25 + 4 \times 8$$
$$48 \times 6 + 52 \times 6 = (48 + \blacksquare$$

图2-26

2. 选一选

聪聪和明明要参加口算抢答比赛，聪明的你知道谁算得快吗？为什么？

第一轮：

聪聪：$(13+17) \times 5$　　　　明明：$13 \times 5 + 17 \times 5$

第二轮：

聪聪：$4 \times (25+7)$　　　　明明：$4 \times 25 + 4 \times 7$

3. 说一说

解释算得快的道理。

4. 找一找

对于乘法分配律，同学们其实并不陌生，我们在以前的学习中就已经接触过了。还记得吗？在三年级学习的长方形的周长计算以及口算乘法、笔算乘法中，都可以找到乘法分配律的影子。（微课展示）

思考：学生在经历了猜想、验证之后，灵活运用乘法分配律，培养思维的灵活性，学生对乘法分配律的理解由最初的形象理解上升为抽象层面的数学模型理解。在解决问题的过程中学生真切地体验"恰当地运用法分配律能够使运算简便"，可以有效预防形成（$a+b$）×c这类算式计算必定比较简便的错误思维定式，从而感悟到数学学习的价值，有利于培养和发展运用数与代数经验解决问题的综合素养。

总之，促进学生数与代数领域数学活动经验的形成，需要根据学生不同的年龄特征、学习内容的不同特点，采取灵活多样的方式把握学生数学活动经验的"兴趣点"，找到知识的"生长点"，发现学生的"拐弯点"，完善思维的"结构点"，引导学生激活经验、利用经验、调整经验、提升经验，让学生在数与代数学习活动中，经历"激活—利用—调整—提升"的不断循环往复的提升过程。当学生在多次形式不同、本质一样的新情况下反复运用某种数与代数的经验时，在不断反思内化的作用下学生会逐渐再生形成更高层次的数学活动经验，最终积淀形成有关数与代数的数学思维模式，形成一定的数学直观，发展成为数学素养。

参考文献

[1] 丁玉华，曾令鹏."乘法分配律"教学实录与评析［J］.小学数学教育，2017（11）：43-46.

[2] 唐少雄.基于儿童经验教学"数学广角"——听吴正宪老师执教的"重叠问题"有感［J］.小学数学教育，2013（1）：89-90.

关注数学思维　培养核心素养

小学数学核心素养，顾名思义是就小学数学而言的，而小学数学学科的本质是促进学生思维的发展。因此，促进学生思维发展，引领、培养学生的理性思维，应该是小学数学核心素养在教学中的核心体现。那么，如何在教学中关注学生的思维发展，进而体现和落实核心素养呢？下面我结合自己的教学实践谈谈这方面的教学策略。

一、在"对话"中进行数学思维

克林伯格指出："在所有的教学中，进行着最广义的'对话'……不管哪一种教学方式占支配地位，这种相互作用的对话都是优秀教学的本质性标志。"不难发现，在教学中对话者在遵守思维对话规则的前提下，其主体地位得到了充分的尊重，他们能运用自己的智慧独立地思考，并且自由地发表对问题的看法。同时，对话的主体也有倾听他人意见、接受他人批评的义务，并需要对他人的意见做出自己的反馈。经过"表达—反馈—回应—反馈"这个过程，课堂中的线性交流变成网络模块式交流，课堂中每一个生态因子都保持畅通的信息交流，使师生的思维变得明晰。有效对话是联系动手和动脑的纽带，是促进学生思考的有效手段。因此，在课堂教学活动中，我们可以以"对话"引领学生动脑思考。例如，在教学"三角形三边的关系"时，我与学生进行了如下对话。

师：这儿有两根小棒，一根3厘米，一根8厘米，我想再拿一根小棒，使这根小棒和前面拿的两根小棒组成一个三角形，该拿多长的小棒？

生1：拿一根6厘米长的小棒就可以了。

生2：拿一根7厘米长的小棒也可以。

师：拿一根4厘米长的小棒可以吗？

生：不可以。

师：为什么？请说明理由。

生：三角形任意两条边之和必须大于第三条边，4+3=7，小于第三根小棒的长度，组不成一个三角形。

师：那5厘米长的可以吗？

生：也不可以。

师：为什么？请说明理由。

生：5+3=8，因此第三根小棒的长度也组不成一个三角形。

我根据学生的分析用课件验证。

师：那3厘米、8厘米长的可以吗？

生：3厘米长的不可以，8厘米长的可以。

师：如果拿8厘米长的小棒，组成的是什么三角形？

生：等腰三角形。

师：这个等腰三角形的腰是多少？底是多少？

生：腰是8厘米，底是3厘米。

师：如果要组成一个腰是3厘米的等腰三角形，底可以拿几厘米长的小棒？

……

课堂是师生智慧共生、情智交融、生命对话的"圣地"，其间，不仅有知识的传递、思想的碰撞、情感的交流，更有生命的"对话"。在上述教学过程中，我提的问题是随机的，而且问题的难度逐步加大。更为重要的是，我是基于学生对问题的理解和反馈随机提问的，因而很好地把握了学生思维的脉搏。学生要正确地回答教师提出的每一个问题，必须进行周密的思考和分析，思维必须一直处于高度紧张的活跃状态。这样的对话方式不仅有利于训练学生思维的敏捷性，也有利于激发学生的学习热情。

二、在"操作"中进行数学思维

杜威指出："让儿童在主观与客观交互作用中获取经验，必须通过儿童的亲身体验……从做中学要作为教学理论的中心原则。"因此，教师应积极引导和帮助学生从熟悉的现实生活开始，沿着数学发现的活动轨道，从感性认识到理性认识。而操作学习恰恰是沟通具体与抽象、感性与理性的桥梁。在数学课堂中，我们可以设置以学习任务为驱动的学习单，利用学习单将知识分解成一个个活动或者问题来指导学生的学习活动，促进学生的思维发展，激发学生自主学习。例如，在探究"三角形的面积"时，我设计了如下学习单（图2-27）。

"三角形的面积"学习单

小组活动一：

拿出信封，从中选择两个三角形，先拼一拼，再求出拼成的平行四边形和每个三角形的面积，完成下表。

拼成的平行四边形			三角形		
底/cm	高/cm	面积/cm²	底/cm	高/cm	面积/cm²

小组活动二：

观察表格，你有什么发现？小组交流。

（1）拼成平行四边形的两个三角形有什么关系？

（2）拼成的平行四边形的底和高与三角形的底和高有什么关系？每个三角形的面积与拼成的平行四边形的面积呢？

（3）根据平行四边形的面积计算公式，怎样得出三角形的面积计算公式？

图2-27

在上述教学片段中，我以学习单为载体，开展了两次学习活动。活动一旨在"有选择地拼"，引导学生在操作中初步体会三角形与平行四边形的关系；活动二旨在"有问题地思"，引领学生在层层推进的问题中思考。问题（1）是在活动一的基础上的再次感知；问题（2）借助课件表格中数据，用数据说话，加深对三角形的底、高、面积与平行四边形的底、高、面积的对应关系的理解；问题（3）旨在"有序地推"，引发学生将问题转化成语言的有序表达和思维的有序推理，从而掌握和理解三角形的面积计算公式的推导过程。

三、在"想象"中进行数学思维

"科学巨人"爱因斯坦说过："想象力比知识更重要，因为知识是有限的，而想象力概括着世界上的一切，推动着进步，而且是知识进化的源泉。"人类社会所获得的知识绝大部分是经过数千年来人们不断观察、想象、验证所获得的，没有想象就没有新的知识，社会也将停止不前。想象是打开智慧之门的钥匙，基于观察想象的数学活动是发展学生核心素养的重要途径。因此，在教学活动中，我们可以运用"观察想象"来启发学生思考，实现由形象思维到抽象思维的过渡。如"三角形的面积"的教学片段：

师：一个平行四边形可以分成两个完全一样的三角形，那么两个完全一样的三角形一定能拼成平行四边形吗？（课件出示图2-28，三角形的边用不同粗细显示）观察并想象一下，该怎么拼呢？

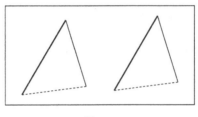

图2-28

生1：可以粗边对粗边，或细边对细边，或虚线边对虚线边来拼。

师：（课件演示）如图2-29所示，回想一下，拼的时候要注意什么？

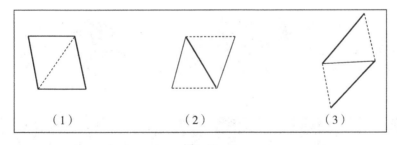

（1）　　　　　　（2）　　　　　　（3）

图2-29

生2：先固定一个三角形，另一个三角形旋转后，边对边就可以了。

师：看来，用两个完全一样的三角形拼成平行四边形有三种不同的拼法，无论哪种拼法，三角形的面积都是平行四边形的面积的一半。

师：图（1）和图（2）两种拼法，它们的底和高分别是5厘米和4厘米，请同学们仔细观察，图（3）的底和高呢？（不太容易看出它的底和高各是多少）

看来，研究三角形的面积，还需要选择合适的拼法。

……

在上述教学片段中，我用了三次"观察与想象"，第一次，"观察并想象一下，该怎么拼呢？"是基于学生的已有经验，培养学生的想象思维。第二次，"回想一下，拼的时候要注意什么？"是引发学生反思，为下面深入推导三角形的面积做铺垫。第三次，"图（1）和图（2）两种拼法，它们的底和高分别是5厘米和4厘米，请同学们仔细观察，图（3）的底和高呢？"是对学生拼法的提前指导，为后面的具体操作活动消除不必要的障碍。在这里，观察与想象层层深入、环环相扣，真正开启了学生运用大脑思考的有效模式。

四、在"导图"中进行数学思维

思维导图又叫心智图，是表达发散性思维的有效图形思维工具，它简单却又极其有效，是一种革命性的思维工具。思维导图可以激发大脑的无限潜能，具有表达人类思维的强大功能。它是有效的思维工具，借助思维导图可以将复杂的数学知识简单化，可以将抽象的思维形象化。例如，在教学"长方体的认识"时，在梳理总结环节，我精心设计思维导图来促使学生进行深度思考（图2-30）。

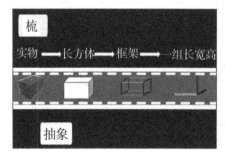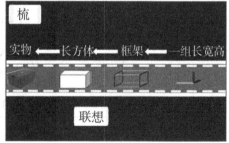

图2-30

通过以上两个思维导图，学生进行了两次深度学习：一次是帮助学生梳理知识的形成过程，形成完善的知识网络，使大脑回到知识的生成过程，再一次激发自发回忆，让学生对学习的知识、积累的经验记忆得更深刻；二次是渗透抽象和联想的思想，它们是培养学生空间观念的两把金钥匙，可以为以后学习其他立体图形奠定基础。通过这样的梳理，学生的思维在"导图"的碰撞中擦出最闪亮的火花。

五、在"延伸"中进行数学思维

在皮亚杰勾画的认知螺旋图中，认知的螺旋是开放的，而且它的开口越来越大，因为"任何知识，在解决了前面的问题时，又会提出新的问题"。随着学习过程的逐步深入和数学知识的不断积累，学生的数学认知结构也将不断扩充和完善。因此，新授的结束并非意味着所有的认知冲突都得到解决，相反，可能是新的认知冲突产生与化解的开始。我们应该积极制造新的"冲突点"，引导学生对获得的知识与方法进行质疑和拓展，从而赋予数学知识以生长的力量。例如，"长方体的认识"探究的是立体图形，仅仅孤立地学习这一知识，显然是不够的，教师要引领学生从问题的整体着手，经历思维整体建模的过程，思考"它和以前学的平面图形有关系吗？和最简单的线和点有关系吗？"

师：我们今天学习的立体图形和我们以前学习过的平面图形之间有着怎样的联系呢？

播放视频（图2-31）。

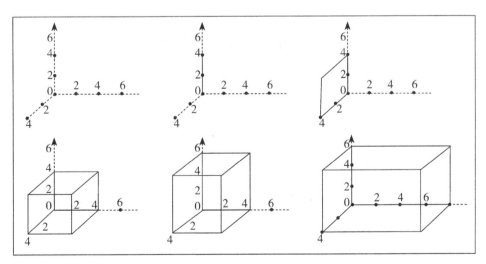

图2-31

师：你看懂了什么呢？

生1：点运动可以变成线，线运动可以变成面，面运动可以变成体。

师：是啊，点、线、面、体之间是相互联系的。其实世间的万物都是相互联系的，只要我们用心去观察、发现，就会有不一样的收获！

在这里利用视频适时拓展，从学生的知识生长点出发，通过动态演示点动成线、线动成面、面动成体的过程，帮助学生建立从一维到二维到三维空间的表象，感知点、线、面、体之间的相互联系，使学生在直观的体验中获取知识、发展思维、提升能力，可谓一举多得。

核心素养是学生综合素质的集中体现，如何在小学数学课堂教学中有效落实和体现核心素养是值得我们深思的问题。发展思维、培养能力是小学数学学科本质的要求，也是核心素养在课堂教学中的核心体现，我们只有在课堂中实践，在实践中体现，才能让核心素养更具有生命力和活力。

📇 参考文献

王超.从内隐到外显现：追求数学课堂中的"思维之美"［J］.小学数学教育，2018（10）：9-10.

素养导向下的深度学习

——以"长方体的认识"教学实践为例

一、问题的提出

课标中与数学知识学习有关的四个行为动词是了解、理解、掌握和运用。"了解"可以通过记忆、复制、机械训练与灌输式的方式达成，却无法提升到"理解"的层级。知道事实不等于理解，会背概念不等于理解，会做题也不等于理解。真正的理解和应用是"教"不会也"练"不出来的。只有学生的数学学习成为深度学习，核心素养才能得以形成和发展。那么，什么是深度学习呢？深度学习是一种主动的、探究式的、理解性的学习，是指学习者以高阶思维的发展和实际问题的解决为目标，以整合的知识为内容，积极主动地、批判性地学习新的知识和思想，并将它们融入原有的认知结构，且能将已有的知识迁移到新的情境中的一种学习。可见，深度学习的重点在于关注学生的学习过程，要求学生主动地建构知识意义，将知识转化为能力并迁移应用到真实情境中来解决复杂问题，进而促进学生元认知能力、问题解决能力、批判性思维、创造性思维等高阶能力的发展，即促进知识向核心素养转化。

"长方体的认识"是北师大版教材五年级下册的教学内容，是在学生直观认识立体图形和系统认识平面图形的基础上展开教学的。这部分内容不仅是学生全面系统地认识立体图形的开始，也是学生认识立体图形的核心内容，还是继续深化学生对平面图形认识理解的一个重要机会，对学生形成较高水平的空间观念十分重要。作为教师，如何搭建深度学习的"脚手架"帮助学生建构空间观念呢？

二、教学策略

为促成学生深度学习的真正发生，把理解数学知识转化为学生感兴趣的数学活动，我组织学生围绕长方体的本质特征开展了五重探究活动（数一数、搭框架、补框架、拆框架、搭配面），试图通过引导学生提出问题，以问题为驱动，引领学生探究，构建五步探究流程（问题驱动—导学探究—学以致用—梳理总结—课后延伸），让学生采用动手操作、独立思考、合作交流、推理想象的学习方式进行学习，在探索中感悟数学思想、建构空间观念、发展核心素养，如图2-32所示。

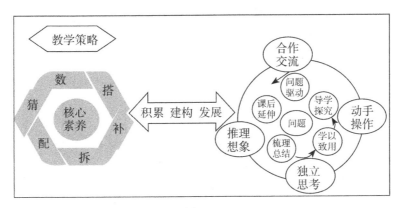

图2-32

具体的教学流程分为五个环节流程图，如图2-33所示。

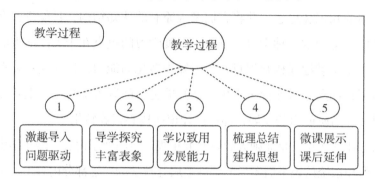

图2-33

（一）激趣导入，问题驱动

创设情境：课程开始，我创设了在"神秘大礼包"中"摸一摸、猜一猜"的游戏情境，提出有价值的核心问题"这些大大小小的长方体，不同点背后的相同点是什么呢？"以此拉开探究的序幕。

在长方体实物上摸一摸，你摸到了什么？

思考：面、棱、顶点的认识是开展下面深度学习的垫脚石，所以设计应该在注重已有经验的基础上不断深化学生对概念的数学思考。课程通过两次摸面、棱、顶点，构建新概念与原有认知的联系，从而使学习更有效、更深入。

（二）导学探究，丰富表象

在导学探究环节，设计三次"浸润"活动：数一数、搭框架、补框架。

浸润活动一：数一数

（1）出示活动要求，如图2-34所示。

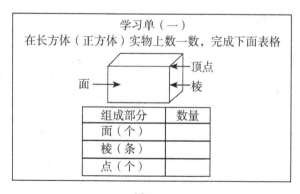

图2-34

（2）接着认识长、宽、高，让学生找出平着放、竖着放、倒着放时的长、宽、高，为下面的"搭"做好铺垫。

思考：对小学生来说，直观呈现的形式越巧妙，研究数学对象的视角就越宽、越多样，积累的表象也就越丰富。学生通过看、找、摸来数长方体的面、棱、顶点的数量，对长方体形成丰富的表象认识。设计三次找长、宽、高的活动，让学生深化对长、宽、高概念的理解，为下面的"搭"做好铺垫。

浸润活动二：搭框架——探究棱的特点

我们已经发现了长方体的特征，接下来你能根据这些发现搭一个长方体框架吗？请看操作要求：

（1）课件出示，如图2-35所示。

> 操作要求：
> 选材料：从学具盒中选取合适的材料放在桌子上。
> 同桌合作分工搭一个长方体框架。
> 有困难时可以示意老师。

图2-35

（2）学生搭好框架后，上台分组展示作品，边说边演示，着重把搭的思考过程说出来，从而归纳得出：相对的棱长度相等，正方体的12条棱都相等。（板书）

思考："闻之不若见之，见之不若知之，知之不若行之。学至于行之而止矣。"在学生发现特征后，让学生动手合作搭长方体框架，这是一个学以致用的环节，可以培养学生的合作能力。教师提供开放性材料，学生通过选择操作、比较等策略，从不同点切入，实现表象到抽象的转换。选材的过程进一步验证了长方体的组成和特征，整个过程凸显独立思考、动手操作与合作交流相融合的理念。

浸润活动三：补框架——探究面的特点

出示课件（图2-36）。

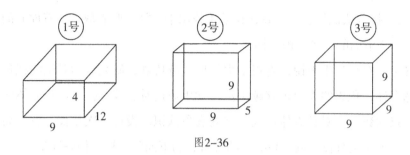

图2-36

（1）提出问题。要把上面的三个长方体框架的表面糊上纸片，做成密封的盒子，分别需要几张什么样的纸片呢？请你选一张和同桌交流，要求：交流的时候说清楚是多大的、什么形状的纸片，如图2-37所示。

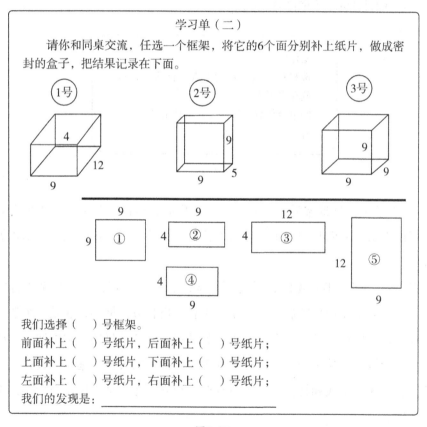

图2-37

（2）学生明确要求后，通过观察思考、对比分析、同桌交流，很快就能发现，1号需要配3种现状的纸片，2号需要2种现状纸片，3号只需1种形状的纸片，从而归纳得出：长方体相对的面完全相同，正方体12个面都相同。
（板书）

（3）追问学生：你认为长方体和正方体之间有什么关系？为什么？（正方体是特殊的长方体）

这三次"浸润"活动使学生经历"实物——长方体——框架"的抽象过程，引发其深度学习，促进其空间想象能力的发展，教学难点的突破落到了实处。

思考：立体图形的立体性使我们不能看透、看全，这就需要有典型性学习材料来支撑辅助学习。因此，我设计了"补框架"操作，目的在于让学生深刻感受长方体的6个面分成3组，普通的长方体的3组面是形状不同的长方形，特殊一些的长方体有2个形状相同的正方形和4个形状相同的长方形，最特殊的正方体的6个面是完全相同的正方形。无论哪种情况，长方体相对的面都完全相同。本环节在让学生发现面的特点的同时发展学生的空间想象能力和推理能力，为后续求表面积的学习做好充分的铺垫。

（三）学以致用，发展能力

在学以致用环节，我同样设计了三次"浸润"活动。

浸润活动四：拆框架（图2-38）

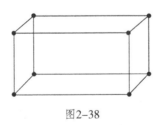

图2-38

（1）提出问题：如果拿掉1根小棒你还能想象出这个长方体的形状和大小吗？再去掉1根呢？继续再去掉呢？至少保留几根小棒你可以想象出长方体的形状和大小？

（2）学生动手操作后发现只剩下一组长、宽、高就能还原。

（3）汇报完后辅以课件直观演示。

学生经历"框架——组长、宽、高"的抽象过程，培养抽象思维。

浸润活动五：搭配面（图2-39）

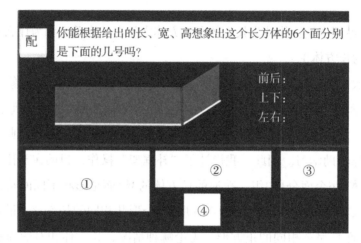

图2-39

这里设计三次配面活动，让学生经历由易到难、由一般到特殊的思维过程，培养学生的想象能力。

思考：遵循学生的认知规律，提出"根据一组长、宽、高能想象面有多大吗？框架呢？长方体呢？"等问题让学生在想象中积累学习的经验，为后续学习其他立体图形奠定基础。

浸润活动六：猜实物

让学生进行"将3条棱还原成实物"的猜想、验证过程，使其建构空间观念，发展核心素养（图2-40）。

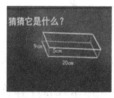

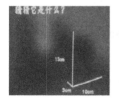

图2-40

思考：本环节通过从3条棱还原出实物，适度对长方体的三维图进行抽象和想象的活动，将学生认知长方体的特征与建立长方体的表象的活动相结合，真正落实空间观念的发展。感知长方体的特征后，让学生经历猜想、验证的过程，将3条棱依次还原成12条棱—长方体—实物，回归课的开始，巧妙地把知识形成过程的前后融为一体。

（四）畅谈收获，梳理总结

梳理总结：我们的探究活动经历了"实物—长方体—框架——组长、宽、高"的抽象过程（抽象），巩固练习又经历了"一组长、宽、高—框架—长方体—实物"的还原过程（联想）（图2-41）。抽象和联想是学习立体图形的两把金钥匙，可以帮助学生进一步总结学习经验，为后续学习奠定基础。

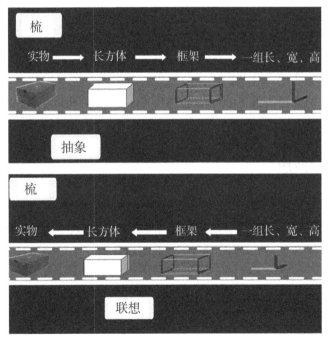

图2-41

思考：如何让积累的活动经验、浸润的数学思想更深刻？利用思维导图进行知识和思想方法的梳理总结，带领学生从头到尾完整地回忆学习过程，不但可以帮助学生在头脑中建构起完善的知识网络，而且可以使学生深刻理解立体图形学习的两把金钥匙——抽象和联想，让深度学习真正发生。

（五）微课展示，课后延伸

充分利用信息技术，把微课延伸到课后，动态演示点动成线、线动成面、面动成体的过程，帮助学生建立从一维到二维再到三维空间的表象，感知点、线、面、体之间的相互联系。

思考：微课将点、线、面、体通过动态的方式进行有效联系，让学生直观感受这些图形不是独立存在的，它们之间有着巧妙的联系：点动成线、线动成面、面动成体，点、线、面、体可以互相变换。微课让原本一个个孤立存在于学生脑海中的图形变得灵动，图形之间进行了很好的沟通、融合，在学生头脑中建构起完整的知识网络。

三、教学效果

综观整节课，教学设计新颖、巧妙，前后融为一体，遵循学生的认知规律，通过"数、搭、补、拆、配、猜"六个环节的"浸润"活动，让学生的智慧在指尖绽放；让学生在有温度、有广度、有深度的课堂里积累活动经验，发展空间观念，助推核心素养在学生心中生根、开花、结果，让静态的数学知识走向灵动的数学思考。

四、教学反思

素养导向下的数学课堂要以数学知识和技能的学习为载体，启发学生理解知识的本质，感悟知识所蕴含的数学基本思想，积累数学思维和实践的经验，进而形成和发展数学核心素养。以"长方体的认识"为例，我进行了如下思考与实践。

（一）解决"教什么"

"长方体的认识"这节内容，教材特别重视通过观察、操作、讨论、整理、内在思考等数学活动，让学生达成两个方面的目标：一是掌握长方体和正方体的特征的知识目标，二是培养学生空间观念的数学思考目标。我们都知道相对于几何知识的学习，空间观念的发展是一个更上位、更有利于学生后续发展的目标。空间观念的发展是一个包含观察、想象、比较、抽象、概括等行为，从片面到全面、从平面到立体逐步认识事物的过程；空间观念的形成需要经验的支撑和时间的积淀，更需要教师搭建合适的"脚手架"帮助学生，是有物可依、有理有据、系统发展的建构过程，这个过程可以通过各种有价值的数学活动来实现。因此，在本节课的设计过程中，我立足学生的起点，引导学生在多重活动中积累学习经验，建构空间观念，发展核心素养。

（二）解决"怎么教"

对于第二学段的学生来说，空间观念的发展是一个质的飞跃，对于空间想象能力薄弱的学生来说，虽然长方体在学生的身边随处可见，但要发现它的特征还是有一定的难度的。面对这种教学现状，如何借助有力的支撑帮助学生想象，提高学生的思维参与度，使学生的思维水平和空间观念得到有效的提升呢？

1. 用数学活动贯穿始终

核心素养是在长期宽容的、开放的、丰富多彩的数学活动中熏陶出来的。要追求以数学思维为本的课堂，就需要教师以更加开放的视角着眼于教学设计，引导学生充分经历"数学化"。对小学生来说，直观的形式越巧妙，研究数学对象的视角就越宽、越多样，积累的表象也就越丰富，进而越容易达成数学抽象，越容易形成深度理解。这样的学习经历也就越能产生活化的思维、活化的能力，积淀下来便能形成数学学科的核心素养。

2. 在活动中经历数学化的思考

数学知识是发展数学思维的载体，数学教学不应该仅仅满足于学生拥有了"扎实的基础知识，熟练的基本技能"，更应关注学生是否在参与数学活动的过程中经历了数学化的思考过程，是否在数学知识产生、发展和应用的过程中获得了思维的经验，感悟了浸润在知识形成过程中的思想方法。所以，本节课我的着力点放在了"你们发现了什么"上（①"搭"，需要多少根小棒？要12根什么样的小棒才能搭出长方体和正方体？相同长度的小棒摆在什么位置？②"补"，分别要准备几种形状的纸片？每种几张？长方体和正方体有什么相同之处？有什么不同之处？③"拆"，到什么情况还能想象出长方体框架原来的大小？），让学生在问题解决的过程中层层深入，进行深度学习，促进空间想象能力的发展。在学以致用环节我设计了"拆""配""猜"三重活动，让学生经历"一组长、宽、高—框架—长方体—实物"的还原想象过程，前后的设计融为一体，让学生在想象中积累活动经验，发展空间观念。

📖 **参考文献**

［1］牛献礼.我在小学教数学——核心素养导向的数学教学艺术［M］.上海：华东师范大学出版社，2019.

［2］中华人民共和国教育部.义务教育数学课程标准（2011年版）［M］.北京：北京师范大学出版社，2012.

培养发散思维　落实核心素养

发散思维，又称辐射思维、放射思维、扩散思维或求异思维，发散思维的培养对学生的思维发展有着核心性作用。因为想象是人脑创新活动的源泉，联想使源泉汇合，而发散思维就为这个源泉的流淌提供了广阔的通道。发散思维可以使学生突破原有的知识结构和认识框架，产生大量创新的想法，从而使问题得到圆满解决。因此培养学生的发散思维尤为重要。

一、巧借课堂，让学生多问

问题是思维发展的驱动力，是创新的基础。教育家陶行知先生曾说过："发明千千万万，起点是一问。"古代教育家孔子也说"不愤不启，不悱不发"。因此，在现代素质教育的课堂中，教师要用好启发式教学，科学有效地引导学生对知识产生好奇心，让学生积极主动地多问"为什么"，多质疑，从想问、敢问到会问，在提问、质疑中有所思考，从而发展学生的发散思维。

例如，在教学"圆柱的表面积"时，我会引导学生，让学生分三步提问：①圆柱的表面积要求哪些面？②圆柱的展开图的长、宽与圆柱什么有关系？③圆柱的表面积还跟什么有关系？一步步地提问，既能帮助学生加深对圆柱表面积知识的理解，也能教给学生提问的方法。经过一段时间的训练，学生在以后的课堂中就能敢问、会问，在提问中发散思维。又如，在"分数混合运算"的教学中，我出示甲是50，乙是40，让学生用这单元学习的内容进行提问，看谁提的问题多。学生兴趣浓厚，思维活跃，提出了如下问题：①甲是乙的几分之几？②乙是甲的几分之几？③甲比乙多几分之几？④乙比甲少几分之几？一题多问，学生通过一系列的提问与解答，对知识中的规律有了更好的掌握，也能学会在观察同一事物时，从不同角度、不同方面去思考。这样既能增强学生思维的灵活性，又能培养学生的发散思维能力。

二、巧设悬念，让学生多说

"学起于思，思源于疑"，疑能使人感觉困惑，产生认知冲突进而主动思考，激发强烈的求知欲。在数学教学中教师应巧妙地设置一些悬念导入新课，营造一种轻松的课堂学习氛围，这样既可以使学生产生渴望与追求，激发学生对所学知识的浓厚兴趣，也能吸引学生的注意力，使他们的思维活跃起来，使学生有话说，能主动地参与课堂，进而使学生思维得到一定的发展。

例如，在教学"3的倍数特征"时，我会先让学生回顾之前学习的"2和5的倍数特征"，然后我立即问学生，那么3的倍数有什么特征呢？也有学生立刻回答：个位上是3，6，9的数是3的倍数。这时我就设置悬念，出示一些数字（13，19，26，46，53），这些数字哪些是3的倍数呢？这时学生就有疑问了，很有兴趣，很好奇，主动地想要去弄明白到底怎样的数是3的倍数，自然在课堂上就会积极发言，说出自己的发现，举例说出一些是3的倍数的数，在说的过程中，学生的思维就能得以拓宽与发展。

三、巧用习题，让学生多思

发散思维能使学生的思维得到一定的扩展，使学生举一反三，更深层次地思考问题，所思考的面更广。教师在课堂教学中要培养学生的发散思维，使学生对一些问题进行深入剖析，挖掘不一样的解题思路，找到不一样的解题方法，更好地掌握学习技巧。

例如，在北师大版五年级上册"邮票的张数"这一课中，我对题目进行变形变式：姐姐的邮票张数是弟弟的3倍，将"姐姐和弟弟一共180张邮票"这一条件改为"姐姐比弟弟多90张邮票"，让学生尝试练习。通过这一变形，学生积极思考探究，发现算出来的答案其实是一样的：姐姐有135张，弟弟有45张。

又如，讲授北师大版五年级下册"相遇问题"这一课时，教师可以对习题进行多次变换，让学生在同一题型、不同问题中激发学习的动力。①甲、乙两地相距405千米，货车、汽车同时从甲、乙两地同时出发相向而行，汽车每小时行65千米，货车每小时行70千米。两辆车几时相遇？②甲、乙两地相距405千米，货车、汽车从甲、乙两地同时出发相向而行，汽车每小时行65千米，两辆车3小时后相遇，求货车的速度。③汽车、货车同时从一个地方向相反的方向开出。汽车每小时行65千米，货车每小时行70千米，3.5小时后两车相距多少千米？④汽车、货车从甲、乙两地同时出发相向而行，汽车每小时行65千米，货车每小时行70千米。2小时后两车仍相距105千米，甲、乙两地相距多少千米？以上习题的一题多变不仅使学生巩固和深化了"相遇问题"的知识，更为重要的是使他们学会了从不同的角度大胆地提出问题，从不同的方向去思考问题，积极探索创新，既锻炼了学生解决不同问题的能力，又加强了学生对知识的运用，从而使学生的思维得到了拓宽，培养了发散思维能力。

四、巧授方法，让学生多做

俗话说："授人以鱼，不如授人以渔。"教师在教学中必然要讲题，要根据不同的题型特点，教授学生进行思考以及运用不同的数量关系，引导学生用不同的方法解题。解题是一个十分复杂的思维过程，因此，教会学生解题方法是至关重要的。在数学的教学中，教师要加强数学概念、公式、法则等的教学，尤其是让学生理解它们，注意数形结合与"化归"思想的运用，对学生进行一题多解法的教学，利用例题变式多加练习。总之，教师要不断引导学生进行创造性的尝试，激发他们学习的兴趣，培养他们的学习思维。

例如，北师大版六年级上册出现过这一类型的问题："一套桌椅的售价是400元，椅子的价钱是桌子的3/5，桌子、椅子各多少元？"这里有几种解法：①用分数混合运算的方法。这里桌子的价钱是单位"1"，所以可以列式得到桌子的价钱，400÷（1+3/5）=250（元），椅子价钱为400-250=150（元）。②用已有的知识经验解方程来解决。解设桌子x元，椅子3/5x元。x+3/5x=400，x=250，3/5x=150。③用六年级上册"比"的知识来解决。从题目中"椅子的价钱是桌子的3/5"可以得出椅子价钱与桌子价钱比是3∶5，3+5=8，400÷8=50（元），桌子价钱50×5=250（元），椅子价钱50×3=150（元）。通过教师的讲解，学生发现这道题原来是有多种解法的，用的是他们学过的不同的知识。学习到方法后，学生能在解题过程中从不同的角度去思考问题，根据每道题的特点来采用便捷的方法，从而提高了解题速度和解题的正确率，增加了思维辐射的广阔性，能积极大胆地探索，提高了学生发散思维的能力。

综上所述，在小学数学教学中，教师要注重培养学生的发散思维能力，在平时教学中要注重巧借课堂，让学生多问；巧设悬念，让学生多说；巧用习题，让学生多思；巧授方法，让学生多做。这里的每一环节都联系紧密又不可或缺。"四巧"打破了传统、陈旧、单一的教学模式，让学生富有激情地在知识的海洋里遨游，变被动为主动，通过引导学生联想、尝试等，使学生学会打破常规，发挥探索精神，促进学生创造性思维的发展。

指向数学核心素养的学生运算能力培养

《义务教育数学课程标准（2011年版）》已将培养学生的"运算能力"定为课程的一项核心内容，运算能力是学生的数学核心素养之一。数学运算贯穿数学教学的全过程，培养学生的运算能力，对于发展学生的数感、改善学生的思维品质、培养学生的数学思维能力及探索创新能力起着重要的作用。科学合理的运算技能训练能有效地发展学生的数学思想、数学能力，积淀学生的数学核心素养。

一、依托生活情境，培养运算能力

《义务教育数学课程标准（2011年版）》要求：计算教学旨在培养学生的数感，增进学生对运算意义的理解。当运算意义以生活场景为背景时，可以化抽象为直观，帮助学生理解算理、建构算法。呈现丰富多彩的现实生活情境，可以使学生体验、感受和理解数与运算的意义，激发学生对探索运算方法的兴趣，通过一定的运算使问题得以解决。课程标准教材结合学生的生活经验，创设一定的问题情境，以问题解决为依托，引导学生对算理、算法展开探索和发现，激发学生对探索运算方法的内在需求与兴趣，使学生积极参与到运算技能的学习与训练过程中来，从而培养学生的运算能力。

例如，教学"买文具（小数乘整数）"时，教材呈现学生熟悉的生活情境——买文具，铅笔0.3元，橡皮0.2元，尺子0.4元，卷笔刀0.7元。通过模拟情境再现生活中买文具的情境，引导学生提出问题：买4块橡皮需要多少元？再让学生尝试利用前面的学习经验解决问题。在解决问题的过程中，学生可能同时列出几个相同加数（小数）连加和小数乘整数这两种形式。教师则可借此引导学生将小数乘整数的意义与整数乘法的意义进行沟通，进而提出问题：0.2×4等于多少？你是怎样计算的？教师引导学生对这几种方法展开讨论，让学生进一步体会小数乘法的意义。学生运用元、角、分的转化，借助直观模型和利用小数的意义得出结果，明确小数乘法的意义与整数乘法的意义相同。教材通过创设"买文具"的购物情境，引起学生的兴趣并提出问题，有针对性地选择一些问题让学生讨论解决，让学生感知数学就在生活之中。教师引导学生在解决问题的过程中体会小数运算，从而得出小数运算的方法和整数运算的方法一样。

引导学生把现实的数学问题转化成运算需要，可以在需要的驱动下激发学生的计算热情，唤起学生内在的运算需要，培养学生的运算兴趣，以问题情境为载体，为学生探索运算提供现实的、丰富的和开放的信息资源，为学生探究新知提供支撑。运算教学情境的创设，让学生感受计算与实际生活的联系，让学生在经历运算的过程中理解、感悟和创造，引发学生数学学习的内驱力，激活学生的认知需求与思维热情，让学生领悟数学思想，从而培养学生的运算能力。

二、依托数形结合，培养运算能力

数形结合不仅是一种教学思想，还是一种直观的教学方法。数形结合是根据数与形之间的对应关系，通过数和形的相互转化来解决数学问题的。数形结合可以将复杂问题简单化、抽象问题具体化，实现抽象思维和形象思维的有机结合。教学时把枯燥乏味的算式与图形联系起来可以帮助学生理解算理、探索算法，达到数与形的和谐统一，把学生的思维引向深入。

例如，在教学笔算两位数乘两位数时，教师首先出示课本中的点状图，让学生自己动手，把自己的想法试着在点状图上用笔圈一圈，最后根据圈的过程写出算式。学生在点状图中体现思维轨迹，呈现丰富多彩的思考过程，体会不同的算式——$14 \times 6 \times 2$、$14 \times 3 \times 4$、$14 \times 10 + 14 \times 2$不一样的分法、算法，在点状图上呈现不同的解题策略和个性理解。最后结合点状图，探索竖式计算的算理：$14 \times 2 = 28$、$14 \times 10 = 140$、$140 + 28 = 168$分别在图上的什么位置？结合课本队列表演又分别表示什么？帮助学生理解$14 \times 2 = 28$表示两行的人数，$14 \times 10 = 140$表示10行的人数，$140 + 28 = 168$表示参加队列表演的总人数。针对教学中的难点"140中的4为什么要和十位对齐，1为什么写在百位上"，利用点状图能解释清楚每一步的算理，把抽象的计算直观化。学生在分一分、圈一圈和算一算的活动中，把新知识两位数乘两位数转化成两位数乘一位数或两位数乘整十数的旧知识加以解决，亲身经历解决问题的过程。

通过数和形之间的对应关系和相互转化帮助学生理解算理，可以有效地把算理显性化、直观化，从算理直观到算法抽象，有效促进学生从动作思维到形象思维和抽象思维的不断提升，逐步形成运算技能。

三、依托算理算法，培养运算能力

算理是算法的依据，是计算教学的核心，算理为计算提供了正确的思维方式，保证了计算的合理性和可行性，而算法则保证了计算的正确性。学生只有理解了算理，才能掌握算法并形成一定的技能技巧。算理的理解与算法的掌握是学生运算能力的基础，计算教学既要让学生懂得怎样算，也要让学生懂得为什么这样算。教师在教学中要加强算理与算法的融合，学生只有在感悟算理的过程中才能提炼算法。

例如，在教学"队列表演（二）"时，教师为学生准备好点状图，让学生在点状图上面画一画，想一想怎样才能求出一共有多少人，并且把自己的想法和思考过程写在纸上。学生开始操作，教师指导学生结合点状图，想想乘法竖式中每一步的意思是什么，再进行全班交流。教师也可以指导学生说出算式中的每一步对应点状图中的哪个部分，如$14 \times 2 = 28$对应点状图中的上两行，$14 \times 10 = 140$对应点状图中的下10行，$140 + 28 = 168$表示点状图的全部。教师选择有代表性的作品贴在黑板上，接着出示思考题：同学们找到这么多种方法，你能理解这些算法吗？如果有不同意见，你有什么建议？学生观察后进行全班交流。学生使用点状图得出多种算法并解释了道理，利用乘法、加法转化为以前所学知识来解决新的问题。

学生在充分理解的基础上形成算法，直接应用算法进行计算。学生归纳算法的过程就是有条理地思考的过程，是整理思路的过程，教师将算理、算法深度融合，学生思维品质得到提高，最终能够选择合理简洁的运算途径，培养了运算能力，积淀了数学核心素养。

四、依托方法优化，培养运算能力

算法的优化是算法多样化的重要组成部分，是算法多样化策略的延伸，是学生自主探索的结果在教师的引导下进行提炼，从而实现思维提升的过程。计算教学时，教师应注重引导学生从学习者的角度探索算法，体现算法的多样化和个性化，学生只有经历个性化的算法探索，才能有多样化的算理理解，才能在探索的过程中实现思维创新。当学生出现同一算式不同算法时，教师要根据学生的不同差异，尊重学生的想法，尽可能展示不同的算法，给学生留下更多的探索空间。教师要引导学生对不同算法进行比较、归纳、整理，让学生在比较算法的过程中理解算理，在多样化中理解最优化算法，突出算理探索的价值，加深学生对算法的理解和内化，并逐渐形成计算技能。

例如，在教学25×24时，学生在尝试练习后得出：

方法一，$25 \times 24=25 \times 4 \times 6=100 \times 6=600$；

方法二，$25 \times 24=25 \times（20+4）=25 \times 20+25 \times 4=500+100=600$；

方法三，$25 \times 24=24 \times（20+5）=24 \times 20+24 \times 5=480+120=600$；

方法四，直接用竖式算出$25 \times 24=600$。

这时教师提出：这么多方法，到底哪种方法比较简便呢？教学中学生通过对比发现方法一相对于其他方法更具简便性。教师请出用这种方法解答的学生说算理，使全体学生达成思想共识，然后让全班学生用这种方法再做一遍，让学生在计算过程中体会这种运算方法的优势，感受最优化。

学生经历了解决问题策略和算法多样化的过程，比较反思、分析出不同解法的优劣，逐渐培养在具体运算过程中积极思考、演绎推理、合理调整的意识和技能。学生在潜意识里善于利用数学思想从不同的解题思路中辨析、比较和扬弃。学生选择计算最优方法的过程就是发展数学思维、培养运算能力、形成数学核心素养的过程。

有效提高学生的运算能力是一项长期的、扎实的工作，学生运算能力的培养应伴随着数学知识的不断积累、深化。教师在教学中要关注学生运算能力的培养与发展，使学生的运算技能逐步得到提高，运算思维素质不断提升。真正把运算能力作为数学核心素养，就要从单纯计算的外表进入学生思维的核心，从教师的说教牵引向学生自我感悟的核心，从能算、会算发展到合理地算、简洁地算的核心。

参考文献

［1］教育部基础教育课程教材专家工作委员会.义务教育数学课程标准（2011年版）解读［M］.北京：北京师范大学出版集团，2012.

［2］梅芳.关于提高小学生计算能力的研究［D］.长沙：湖南师范大学，2007.

基于学生已有经验教学"综合与实践"

——以北师大版六年级上册"比赛场次"的教学为例

一、激活经验，唤起学习的"兴趣点"

建构主义理论认为：应通过特定的教学情境，使数学问题与学生原有认知结构中的经验发生某种潜在的联系，激活学生现有的经验去"同化"或"顺应"，同时唤起学生对情境的思考和迁移，实现新知的改建或重组。"综合与实践"教材编排一般通过生动有趣的生活实例，有针对性地渗透一些基本的数学思想方法，在简单的生活实例中，激活学生对旧知的回忆和经验的唤醒，为进一步发展学生的数学思考提供帮助。

教学片段：

出示10名学生进行乒乓球比赛的情境图，引导学生提出数学问题：10名同学进行乒乓球比赛，如果每2名同学之间进行一场比赛，一共要比赛多少场？

设计意图：培养学生的问题意识，并引导学生想办法解决问题，激发学生的求知欲，促进学生积极地学习。

（出示问题）10名同学进行乒乓球比赛，如果每2名同学之间进行一场比赛，一共要比赛多少场？

师：同学们有信心解决这个问题吗？先独立思考，用你们学过的方法试一试。

根据迁移的规律，大部分学生会用三年级时学过的画图或列表的办法尝试解决问题。待大多数学生形成初步认识后，再组织学生在小组里交流，接着让学生展示结果。有的小组反馈可用列表的方法（投影出示表格），有的小组反馈可用画图的方法（投影出示图形）（图2-42）。

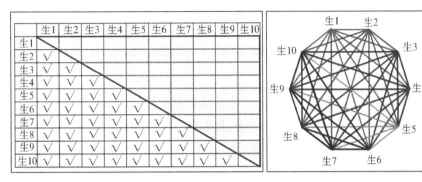

图2-42

此情境的创设让学生的学习与经验对接，在课的开始就唤起学生现实的生活经验，同时也迁移所需的探究方法，迎合了学生学习的心理和探究的需要，唤起学生探究的兴趣，实现"唤起"和"迁移"的双赢，有利于学生的进一步探究。

二、利用经验，找准知识的"生长点"

经验是连接数学与生活的一道桥梁。经验可以为探究者提供数学思考的依据和发展思维的方向。但实际上，激活了经验不等于学生就能利用经验解决问题，所以教师还应当把学生原有的知识经验作为新知识的生长点，引导他们从原有的知识经验中生长新的知识经验，找到解决问题的一般方法和有效策略。

教学片段：

师：用列表、画图的方法很好，但是你们有什么想法吗（图2-43）？

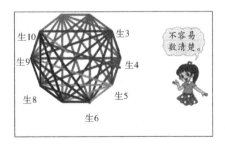

图2-43

学生1：很麻烦，因为人数增加了。

学生2：人数越多越麻烦。

师：按以往的经验，有没有更好的办法解决这一难题？

生3：会不会有规律呢？

师：很好的建议！找出规律，可以让很多复杂的数学问题简单化。

学生知识的"生长点"就在于找出比赛场次的规律，基于学生的学习经验，我利用课前激发的经验，让学生在唤起经验、理解经验中充分利用经验，用经验实现方法的迁移、经验的积累和经验的发展，找到学生学习的"生长点"，使学生的学习从生活走向数学，从旧知走向新知，从简单走向深刻，发展学生的探究能力。

三、调整经验，突破探究的"拐弯点"

《义务教育数学课程标准（2011年版）》指出："为了帮助学生真正理解数学知识，教师应注重数学知识与学生生活经验的联系、与学生学科知识的联系，组织学生开展实验、操作、尝试等活动，引导学生进行观察、分析，抽象概括，运用知识进行判断。"但在"综合与实践"教学中如果仅对学生已有知识经验进行激活和利用，那也只能停留在思维表层的牵引上，而对深层思维品质的挖掘和发展还要靠教师不断引导学生，进行适当的启发和调整。所以，教学时，教师应找准学生探究的"拐弯点"，循着学生的思路找到解决问题的症结所在，帮助学生理清思绪，引导学生进行必要的反思，让学生经历选择、类比、归纳、推理等思维活动的过程，实现对经验的调整和再利用，突破固有思维，发展学生的解题策略。

教学片段：

投影出示表格（图2-44）。

学生	生1	生2	生3	生4	生5	比赛人数	比赛场次
生1							
生2	√					2	1
生3	√	√				3	1+2=3
生4	√	√	√			4	1+2+3=6
生5	√	√	√	√		5	1+2+3+4=10

图2-44

师：根据这张表格，你发现了什么？先从简单的开始说一说。

（小组讨论，再全班交流。）

学生4：2名学生要比赛1场，3名学生就增加2场，共3场。

学生5：每增加1名学生，比赛场次所增加的数目等于原来参赛的人数。

……

接着，让学生把上述表格填写完整，并让学生说一说为什么可以这样填。最后，让学生解决"一共要比赛多少场？"（8名学生）这个问题。根据学生的回答，教师板书如下：1+2+3+4+5+6+7=28（场）。

师：用画图的方法同样能发现规律吗？投影出示图2-45。

比赛人数	示意图	各点之间连线数	比赛场次
2		1	1
3		1+2=3	3
4		1+2+3=6	6
5		1+2+3+4=10	10

图2-45

教师说明：这种方法是用点表示学生，用两点之间的连线表示两名学生之间的一场比赛，通过数连线条数的方法来寻找比赛场数的规律（图2-46）。

比赛人数	比赛场数
2	1
3	1+2=3
4	1+2+3=6
5	1+2+3+4=10
6	1+2+3+4+5=15
7	1+2+3+4+5+6=21
8	1+2+3+4+5+6+7=28
9	1+2+3+4+5+6+7+8=36
10	1+2+3+4+5+6+7+8+9=45

图2-46

师：通过观察上面的图表，你有什么发现？

让学生想一想、议一议、说一说他们发现的规律。通过交流，引导学生发现：上面两种方法本质是一致的，只是呈现的方式略有不同。2名学生时，只有1条线；3名学生时，就增加了2条线，1+2=3（条）；4名学生时，增加了4条线，1+2+3=6（条）。以此类推，最后，得出8名学生共比赛1+2+3+4+5+6+7=28（场）。

由于学生第一次接触"从简单的情形开始找规律"，故教师应该让学生经历解决问题的全过程，从而帮助学生初步建立策略意识，掌握相关的方法策略，既体会图表的简洁性和有效性，又发展数形结合思想及集合思想，为他们的数学探究提供新的经验。

四、提升经验，完善思维的"结构点"

"综合与实践"毕竟不等同于"奥数"的知识教学和思维训练，其教学的最终落脚点不是建立模型，也不是掌握方法，而是发展学生的数学思维和渗透数学思想方法。所以教学不是从经验到建构，而是从经验的激发到经验的提升，使学生的探究经验得以丰富和发展，思维结构得以形成和稳定，不断完善学生思维的"结构点"。在教学的最后，我让学生比较，发现刚才用的方法与以前学过的方法有什么不同。[出示幻灯片（图2-47）]。

方案一：列出表格找规律

参加比赛人数	示意图	画"√"数	比赛场次
2		1	1
3		1+2=3	3

参加比赛人数	示意图	画"√"数	比赛场次
4		1+2+3=6	6
5		1+2+3+4=10	10

方案二：画图找规律

参加比赛人数	示意图	各点之间连线数	比赛场次
2		1	1
3		1+2=3	3
4		1+2+3=6	6
5		1+2+3+4=10	10

参加比赛人数	示意图	各点之间连线数	比赛场次
2		1	1
3		1+2=3	3
4		1+2+3=6	6
5		1+2+3+4=10	10

图2-47

让学生观察、交流、汇报、梳理，目的在于让学生通过用图表解决问题的方法和以前一般的解题方法的比较，体会、感悟用图表解决问题的好处，发现规律解决问题的简洁性和有效性，让学生学会从简单的情形入手的探究经验，从而改善自己的已有经验，发展自己的思维。以后在解决相类似的问题时，学生可以直接借鉴这次活动积累的经验用于新知识的再学习。

实践证明：教学不能无视学生已有的知识经验，也不能只依赖于学生已有的知识经验，唯有对已有经验再开发与再利用，才能在提升经验的同时发展数学思维。在"综合与实践"教学中，教师要善于激发学生已有的知识经验，让学生的经验与生活对接，与新知识对接。教师要善于找准对接的"连接点"，找到知识的"生长点"，发现学生的"拐弯点"，引导学生反思和试误，产生新经验，发散学生的数学思维，使学生形成数学思想方法。

参考文献

唐少雄.基于儿童经验教学"数学广角"——听吴正宪先生执教的"重叠问题"有感［J］.小学数学教育，2013（1）：89–90.

引发需要　经历过程
——"圆的周长"教学片段与反思

这是我执教的一节校级公开课，内容是西师大版教材小学数学六年级上册"圆的周长"。

教学片段一：

（师生共同概括出"围成圆的曲线的长叫作圆的周长"。）

师：怎么来测量圆的周长呢？需要什么工具？

生1：可以用绳子测量。用绳子先绕圆形物体一周，然后用尺子量绳子的长度，绳子的长度就是它的周长。

生2：也可以采用在尺子上滚动的方法。先在圆形物体周长的某部分做个记号，作为起点，对准0刻度，开始滚动，直到有记号的地方，它走过的距离就是圆的周长。

师：概况得真好。下面请小组合作测量自带学具的周长。

（学生合作测量并交流反馈。）

师：刚才同学们提到的两种方法叫作绳测法和滚动法（边讲边屏幕演示）。这两种方法的共同点是化曲为直，但是，生活中大大小小的圆那么多，并不是每个圆都能用以上的方法测量出它们的周长。

（教师停顿，学生惊奇。）

师：比如，老师这里有一条系着重物的绳子（出示），我绕动这条绳子，这个重物的运动轨迹是什么形？（绕动给学生看）

生齐答：圆形。

师：能用刚才的那些办法测量这个圆的周长吗？

生齐答：不能。

师：那怎么能又准又快地测量这个圆的周长呢？可以同桌交流。

（学生情绪高涨，讨论非常热烈，都投入到学习活动中，积极开动脑筋，寻找解决问题的方法。）

师：回忆一下正方形的周长与什么有关。

生3：因为正方形的周长与边长有关系，我猜想圆的周长可能与它的直径有关系。看能不能通过研究圆的周长与直径之间的关系，得出比较简便、快捷的公式。

师：真是爱动脑筋的好孩子！（利用课件演示：大小不等的两个圆同时滚动一周留下的轨迹，让学生直观感知这两个圆的周长与直径的长短关系）好像是有关系哦！

生4：肯定有关系，我看见直径越大的圆，它滚动一周的轨迹也越长。

（学生纷纷赞同这种想法。）

……

【反思】

学习需要产生学习动机，学习动机激发学习兴趣。因此，在教学中只有让学生产生学习新知的欲望，才能有效激发学生的学习兴趣，以知识的力量感染学生，使学生全身心地投入到数学学习活动之中。本片段中，教师从学生已有的知识经验出发，通过让学生操作测量圆的周长，引出绳测法和滚动法，激活学生的知识和经验，又为下面进一步探究圆的周长与直径的关系提供铺垫。然后，提出"生活中大大小小的圆那么多，并不是每个圆都能用以上的方法测量出它们的周长"，举出很常见的一例，让学生明白用绳测法和滚动法求圆的周长的局限性。"那怎么能又准又快地测量这个圆的周长呢？"面对这一问题，学生通过思考与猜测，想到了探究圆的周长与直径的关系。在这一教学过程中，教师通过创设认知矛盾，从而让尝试操作、探究规律成为学生的必然需求，这样便把学生引入了主动探索的轨道，学生对学习新知产生浓厚的兴趣，思维处于"愤悱"状态。

教学片段二：

师：大家通过思考与交流认为周长与直径有关系，下面我们用实验来验证吧。

（出示操作要求：拿出准备好的三个大、中、小号不同的圆片作为测量材料，分工合作，分别测出各圆片的直径与周长，并将数据填入表2-1。）

表2-1

圆片	周长/厘米	直径/厘米	哪个长	周长与直径的比值
大号				
中号				
小号				
观察结果				

师：通过测量和交流，你们发现了什么？

生5：直径长，它的周长就长；直径短，它的周长也就短。

生6：我也有相同的发现。

师：同学们观察得真仔细！说明直径和周长确实有关。那通过表格的最后一竖栏，又能发现什么呢？（手指向最后一栏）

生7：我们这组通过计算，发现不管大号图片、中号图片还是小号图片，它们的比值都差不多。

生8：我们这组计算的结果也是，都是3.1~3.2。

……

师：好。既然同学们测量、计算的结果有共性的地方，为了便于研究，下面请各组派代表上来把周长与直径的比值的计算结果填入同一张表格，见表2-2。

表2-2

组别	2倍多	3.0~3.4	3.4~3.8	3.8以上
第一小组				
第二小组				
第三小组				
……				

（学生陆续上来填好数据。）

师：认真观察这个表格，哪种情况出现得最多？

生齐答：3.0~3.4的最多。

（对于出现另外情况的两小组，指导他们重新测量。）

师：同学们小组合作得很默契，测量很认真，观察也非常细致，获得了一致的信息：不论大圆还是小圆，周长总是直径的3倍多一些。（边说边用课件演示）

……

【反思】

现代教学论认为，学习不是学生对于教师所授予的知识的被动接受，而是学生以自身已有的知识和经验，参与数学学习活动，经历知识的形成过程，学习是主动实现意义建构的活动。案例通过分组测量、计算，让学生自主探究、验证"圆的周长与直径有关""圆的周长与直径有怎样的关系"。虽然不是所有的小组都测量、计算出"圆的周长总是直径的3倍多一些"，但通过再次测量，也得到了相同的信息。这一过程让学生学会了测量、验证和统计的一些基本方法，在使学生亲身经历结论形成过程的同时，有机地渗透了从事科学实验所应有的锲而不舍、严谨认真的态度，让学生的建构过程逐渐清晰、完整、深化。

从"有用"走向"有效"

——现代信息技术辅助数学课堂的探索和思考

随着教育现代化进程的不断推进和深入，广大教师已经充分认识到了现代信息技术在小学数学教学中的优势：逼真生动的画面、悦耳动听的音效所创造的教学情境使抽象的数学内容形象化、清晰化，使数学知识由静态变为动态。运用多媒体辅助教学，的确"有用"。但在实际运用过程中，出现了一些误区，如滥用信息技术，摒弃传统教学手段，背离课程整合的初衷；重形式，轻内容，过度采用令人目不暇接的动画、音乐、视频，让课件牵着学生的鼻子走，致使教学效果甚微；学生主体地位和教师主导地位失衡；教师观念滞后，应用能力较弱，只有公开课才临时找人帮忙做课件；等等。造成这些现象的根源是我们没有做到对现代信息技术的合理应用，从而实现它的"有效"。为此，我们以"现代信息技术与小学数学课堂教学的有效整合"为专题展开了探索和研究，现就如何使多媒体从"有用"走向"有效"，谈谈我们在教学实践中的探索和思考。

一、利用多媒体辅助教学应体现数学的本质

我们知道，数学的来源一是外部现实社会的发展需要；二是数学内部的矛盾，即数学本身发展的需要。构建主义认为，学习总是与一定的社会背景即"情境"相联系，在实际的情境中学习，有利于意义的建构。但是，创设情境不能只图表面上的热闹，也不能拘泥于过多的非数学信息，不能干扰和淡化数学知识和技能的学习以及数学思维的发展。

我曾经听过一位教师的课，教学内容是"轴对称图形"。该教师花了很大的精力，把课件做得非常精美，操作起来也很人性化，动画的演示插入了美妙

的音乐，学生学习兴趣浓厚，积极性高。但实际上，整节课只是让学生欣赏了精美的课件，回答了几个简单的问题，却忽视了学生对知识的创造和体验，忽略了真正的思考过程，学生只是被教师"牵着走"，就像被领进电影院看了一场电影。教师煞费苦心引入的现代信息技术不能促进学生的数学学习，反而分散了学生的注意力，把学生搞得顾此失彼。其实，在教学过程中，教师应该让学生在看的同时，思考、交流这些图案为什么这么美，从而得出对称美，接着引导学生找出生活中的轴对称图形，再动手画一画、剪一剪对称图形，然后抽象出轴对称图形的概念，最后进行欣赏，让学生在充分动眼、动口、动手的过程中，领略轴对称图形的数学本质。

值得一提的是，冗长的童话故事或复杂的动画画面等虽然能够激发学生的兴趣，吸引学生的注意，但是容易使学生的兴趣偏离，思维偏离本课学习的主题。数学课上情境的创设应该为学生学习数学服务，应该让学生用数学的眼光关注情境，应该为学生数学知识和技能的学习提供支撑，为学生数学思维的发展提供土壤。

二、利用多媒体辅助教学应选准利用时机

多媒体教学在一定程度上可以突破时间和空间的限制，充实直观内容，丰富感观材料，能够降低知识技能信息的复杂程度，缩短信息在大脑中从形象到抽象，再由抽象到形象的加工转化过程，充分传达教学意图。在数学课堂中，有些知识的获得学生感觉很困难，有些地方需要向学生展示过程，但有些不便于操作，有些操作太浪费时间，有些操作又不太可行，在这种情况下，多媒体技术就可以发挥作用了，它可以化难为易，使抽象的道理具体化、深奥的算理通俗化、思维的困惑明朗化，使学生在学习知识的过程中，由直观的图像引起分析、综合、比较、概括等一系列的思维活动，从而突破教材的重点。

多媒体介入数学课堂的设计和使用，应选准利用的时机，促使学生主动地发展。具体说来，在新知的生长处、观察的模糊处、操作的关键处、知识的延伸处、新旧知识的对比处、思维的障碍处及练习的需要处等，教师可借助课件逐步呈现，这样学生的思维会更清晰、更有条理，可以达到事半功倍的效果。

三、利用多媒体信息技术应注意突出主题

信息技术只是一种教学辅助手段，是一种形式，只有教学内容才是教学的核心。利用多媒体辅助教学要注意突出主题，要以提高学生的学习能力为目的。因此，从这个意义上来说，教师应该根据教学内容来决定要不要使用信息技术来辅助教学，只有这样，信息技术辅助教学才能有的放矢，才能与教学内容、教学目标保持一致。下面是两次教学"认识圆柱的侧面"的案例：

第一次教学（借助多媒体课件演示，形象直观地验证猜想）：先要求学生指出圆柱的侧面，然后教师利用课件将侧面涂上颜色并闪动；接着又让学生猜想："把这个圆柱的侧面沿着一条高剪开后展开，会是什么图形？"学生回答后，教师利用多媒体演示此过程，验证猜想。新知顺利完成传授，进入练习阶段。

第二次教学（不用多媒体，关注学生"做数学"的体验过程）：让学生动手摸一摸圆柱的侧面，亲自动手将圆柱的侧面展开，得到长方形、平行四边形或者不规则图形，但这些图形经过转化，都可以转化为长方形。教师再启发学生思考："在什么情况下侧面展开一定是长方形呢？"然后再让学生去操作。

对比上面的两个教学案例，我们不难发现，第一次教学避免了材料准备麻烦、课堂纪律难以控制、实际花费较多的三大困难，生动形象地向学生展示了圆柱侧面展开后的图形，提高了课堂教学的效率。但是，这样的教学会在学生脑海中停留多长时间呢？"听过会忘记，看过能记住，做过才能学会。"学生虽然在看和听的过程中经历了知识的形成过程，却成为单纯的看客和听众，并没有真正实质性地参与整个学习过程。而第二次教学始终注意发挥学生的主体作用，注重培养学生主动探究知识的意识，让学生在操作中思考、在思考中操作，重视学生学习技能、思考能力的锻炼和培养。只有在动手实践的基础上，再利用信息技术的优势，帮助学生形成概念的教学，才符合由具体到抽象、由感性到理性的认知规律和小学生的心理特点，留在学生脑海中的烙印才会深刻得多。

应用多媒体辅助教学虽然和传统教学手段相比有不可比拟的优势，但不同的教学手段也各有其不同的教学功能和特点，同时存在各自的局限性，因此，

不是说多媒体用得越多越好。多媒体作为有效的辅助认知工具是为教学服务的，它应该与传统教学手段完美地结合在一起。只有将多媒体辅助教学与传统教学手段相互补充，才能使课堂充满生机与活力。

四、利用多媒体信息技术应注重课堂教学结构

所谓课堂教学结构是指在一定的教育思想的指导下，为完成一定的教学目标，对构成教学的诸要素，在时间、空间方面设计得比较稳定的、简化的组合方式及其活动程序。新课标实施以来，我们一直倡导在学习过程中充分调动学生学习的主动性、积极性与创造性。现代信息技术与小学数学课堂的有效整合正是要改变传统的以教师为中心的教学结构，创建既能发挥教师主导作用又能充分体现学生主体地位的教学结构。那么，现代信息技术与小学数学课堂有效整合的新型课堂教学结构是怎样的呢？经过课题组成员的探索和实践，我们形成了趋于稳定的教学结构，其具体操作程序如下。

1. 创设情境，提出问题

数学在本质上研究的是抽象的东西，而这些抽象的东西来源于现实世界，是被人抽象出来的。因此，真正的知识来源于感性经验，是通过直观和抽象而得到的。小学生正处在具体形象思维向逻抽象逻辑思维过渡的阶段，所以在小学数学课堂上，通过现代信息技术把现实生活中感人的画面、声光行色兼具的生动故事等呈现给学生，唤起学生丰富的想象，还能化抽象为具体，另外在创设情境的同时，还要提出有价值的、值得探究的数学问题让学生研究。

2. 自主探究，自行建构

提出有价值的、值得探究的教学问题只是良好的课堂教学的开端，让学生围绕数学问题展开自主探究、自主进行认知建构才是课堂教学的关键。在学生自主活动、自行建构的过程中，教师应着重抓住学生新旧知识的分化点，以加强新旧知识的可辨性，要充分运用现代信息技术的优势，通过各种途径让学生充分展现构建过程，以使学生了解自己得出结论的过程和先决条件，这样才能使学生真正参与到知识形成的过程中，从而做到学会学习。

3. 抽象概括，形成结论

应该在学生自行探究、自行构建的基础上，充分发挥教师的主导作用，

进行适度的抽象与概括，进而形成科学规范的数学结论。无论是在进行抽象的数学概念的教学、空间与图形的教学，还是统计与概率的教学，都需要把学生探索、交流后不够规范、不够完整的教学结论（包括数学概念、公式、法规等），运用现代技术信息手段（这里现代技术的运用至关重要，而且是传统媒体不可替代的）清晰、完整、规范地展示给学生，让学生通过反思修正自己的探索思路，从而使学生的思考达成共识，以完成知识的条理化与系统化，并且将其纳入已有的认识结构。

4. 巩固应用，适度拓展

巩固应用，适度拓展这一过程对学生而言是十分重要的，对新知识的巩固和延伸，不仅可以了解学生对新知识与技能的掌握程度，还可以把学生的困惑、疑难之处暴露出来，并且及时而公开地加以解决，同时还可以很好地检验学生运用知识解决问题的能力。另外，教师要充分利用现代信息技术的交互性，设计变式应用和开放式的问题，以培养学生的创新思维与创新能力。

5. 回顾反思，课堂总结

首先学生自己进行整节课的回顾与反思，回顾学习了哪些数学知识与技能，总结获得了哪些数学思想方法的启迪，反思自己在解决问题的过程中运用了哪些策略。在此基础上，让学生以小组为单位，充分运用现代信息技术（如交互式一体机等），把回顾与反思的内容以直观形象的形式反映给全体学生。这样将有利于培养学生的反思能力等多种数学素养。

以上的课堂教学结构，在充分运用现代信息技术的同时，体现了"创设情境、提出问题—自主探索、分析问题—巩固应用、解决问题—回顾反思、迁移创新"的认知过程以及"定向—内化—发展"的小学生数学学习的心理活动规律。不过，课堂教学结构不是一成不变的，需要根据教学内容的不同灵活地加以调整。

总之，在具体的教学过程中应用多媒体辅助教学时，既要根据学生的认知规律、心理特点，又要注意服从于教学目标、学生学习实际等诸多因素。只有合理地利用多媒体辅助教学，教师"教"的主导地位才能得到加强，学生"学"的主体地位才能得到充分的发展，真正实现从"有用"到"有效"的飞跃。

参考文献

［1］郭德书，吴春丽.小学数学课堂教学与信息技术融合的思考［J］.小学
　　　数学教育，2016（9）：34–35.

［2］杨毅，邓铭.从"有用"走向"有效"多媒体辅助教学的探索与思考
　　　［J］.小学数学教育，2014（4）：20–21.

［3］李晓梅，林晓亮.现代信息技术与小学数学教学有效整合的探索与实践
　　　［J］.小学数学教育，2010（7）.

以信息技术为载体　培养学生思维力

一、展示过程，突破重难点，培养想象力

运用现代多媒体技术教学可以化难为易，可以使抽象的道理具体化、深奥的算理通俗化、思维的困惑明朗化，使学生在学习知识的过程中，由直观的图像引起分析、综合、比较、概括等一系列的思维活动，从而突破教材的重点。例如，几何知识的教学，限于教师的知识水平，不能用严谨、科学的推理给学生讲清楚，而只能通过学生的想象去体会。所以有些问题理解起来比较困难，容易产生思维障碍。如果恰当地利用多媒体辅助教学，发挥多媒体直观性强的优势展示知识发生、发展的过程，能有效地帮助学生克服思维障碍。例如，教学"平行四边形面积的计算"时，运用多媒体进行演示，学生很快就发现了长方形与平行四边形的联系，平行四边形的底是长方形的长，平行四边形的高是长方形的宽，从而把计算平行四边形的面积转化成计算长方形的面积，推导出计算公式：平行四边形的面积=底×高。又如，学习"圆柱体积公式的推导"时，利用电子白板演示后，分割的数量可以从8份、16份到任意份，而且每次分割后交互式电子白板很快地把它们拼合起来，最后屏幕上会同时出现几个近似的长方体，通过对这几个近似长方体的观察、比较和不同份数的分割、拼合演

示，学生不但能直观地感受到，而且能深深地理解分的份数越多，拼成的形状就越接近长方体。这样的演示将一个复杂的化圆为方、化曲为直的问题，在圆形的不断组合、对比中展示出来，降低学生思辨、推理的难度，从而突破教学的重难点，培养学生的想象力。

二、多次转化，渗透思想方法，培养灵活性

学生学习数学不仅要理解数学知识，还要掌握数学思想方法，这会使他们终身受益。例如，在"圆的面积"教学时，教师可以精心设计学习情境，通过交互式电子白板呈现已学平面图形面积公式推导过程，唤起学生对以前探究方法的回忆与再认识，引导学生领会蕴含在其中的转化思想，揭示它们的本质与内在联系，帮助学生建立和完善知识体系，让学生更深入地了解和运用转化的数学思想方法，为学生的后继学习和发展奠定坚实的基础。再如，教学"圆柱的体积"时，利用先进的一体机进行教学，可最大限度地划分图形，逐步渗透转化和极限思想，让学生会变通，体会知识之间的内在联系，掌握科学的研究方法，提高思维的灵活性，为培养创新思维打好基础。

三、化静为动，引发联想和创造，培养创新力

教学中适时运用多媒体，化静为动，沟通知识间的内在联系，有利于学生把"散装"的知识纳入原有的知识系统，有利于点燃学生思维的火花，引发学生创造，从而完善认识结构。例如，在教学完"三角形、平行四边形和梯形"这一单元后，为了分析、归纳面积公式的共性，使学生了解平面图形之间的内在联系，教师可以运用多媒体，巧设以下变化（图2-48）。

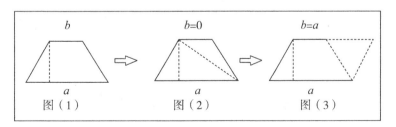

图2-48

先在屏幕上显示一个梯形［图（1）］，学生说出梯形面积计算公式之后，画面上梯形上底b向一端逐渐缩短，直至缩为一点，即图（2），学生归纳出：三角形可以看成上底为一点的梯形，可用梯形面积公式计算它的面积：$S=（0+a）\cdot h\div2=ah\div2$，这与三角形面积公式相同。接着，原来的梯形上底$b$（$b<a$）向一方延伸，直到和下底$a$相等，即图（3），这时问学生："你们能用梯形面积公式计算它的面积吗？"学生通过小组讨论，运用已有知识去推理、判断，渐渐归纳出：平行四边形可以看成上底等于下底的梯形，也可以用梯形面积公式计算它的面积：$S=（a+b）\cdot h\div2=ah$，这正好是平行四边形的面积公式。这样，给学生提供直观、生动的形象，使看不到、摸不着的事物内部间的联系和规律通过多媒体揭示出来，利于学生形成认知结构，发挥创新思维。

实践证明，在数学课堂中巧用多媒体辅助教学，是一种高效率的现代化教学手段，它让学生在学习中始终保持兴奋、愉悦、渴求上进的心理状态，对学生主体性的发挥、创新意识和探索精神的培养起着重要作用。

让学生的数学素养在课堂上生根

《义务教育数学课程标准（2011年版）》指出："数学是人类文化的重要组成部分，数学素养是现代社会每个公民应该具备的基本素养。作为促进学生全面发展教育的重要组成部分，数学教育既要使学生掌握现代生活和学习中所需要的数学知识和技能，更要发挥数学在培养人的思维能力和创新能力方面不可替代的作用。"课堂教学是数学教育的主要形式，如何在课堂教学中培养小学生的数学素养？

一、以培养学生数学兴趣设计课堂，增强学生学好数学的自信心

托尔斯泰说过："成功的教学需要的不是强制，而是激发学习的兴趣。"兴趣是最好的老师。在教学中，教师如果能充分培养学生的学习兴趣，会大大

提高学生学习的积极性，增强学生学好数学的自信心。培养学生数学素养，从培养兴趣开始。在课堂教学中，我们要以培养学生数学兴趣为目的来设计课堂。

1. 创设教学情境，培养学生的数学兴趣

创设良好的教学情境，能激发学生思维的火花，挖掘学生的内在潜能，能诱发、驱使学生思考、探索、解决问题，实现教学情境的"信息化"和"生活化"，能引导学生开展观察、操作、猜想、推理、交流等学习活动，使学生在掌握基本知识和技能的基础上，初步学会观察事物、思考问题，增强学生学习数学的兴趣和学好数学的自信心。

2. 加强数学与生活的联系，使学生感知数学的有用性

数学源于生活，寓于生活，用于生活。教师在数学课堂教学中应从学生的生活实际出发，联系生活讲数学，把生活经验数学化，把数学问题生活化，把社会生活中的鲜活题材引入数学学习，使学生体验到"生活离不开数学""人人身边有数学"，感知数学的有用性。

（1）利用学生生活实际引入新课。

例如，我在教学"圆的认识"这一课时，首先从学生日常生活中非常熟悉而又喜欢的骑自行车和坐汽车的体验谈起："会骑自行车吗？""会。""骑自行车的感觉怎样？""又快又稳又舒服。""坐过汽车吗？""坐过。""坐汽车的感觉怎样？""更快更稳更舒服。""你能从数学的角度说说为什么骑自行车和坐汽车会有这样的感觉吗？如果我把车轮换成三角形或正方形，会怎么样？"这一连串的问题很快就把学生引到"圆的认识"这一主题上来了。

（2）结合学生生活实际探索新知。

例如，我在教学"按比例分配"这一课时，首先利用学生熟悉的分糖果来引入："妈妈买来6颗糖果，分给姐弟俩，有多少种不同的分法？分别写出各种分法姐弟分得糖果个数的比。"由于问题非常接近学生生活实际，学生很快就有了答案："姐姐3个，弟弟3个，比是1∶1。""姐姐2个，弟弟4个，比是1∶2。""姐姐1个，弟弟5个，比是1∶5。""姐姐4个，弟弟2个，比是2∶1。""姐姐5个，弟弟1个，比是5∶1。"然后通过看课本并在与同伴的交流中学生很快就理解了什么是"按比例分配"，甚至有学生举出了"我爸爸单位上发工资，是按劳分配，这也是按比例分配"的例子。

（3）设计多样的实践活动，深入学生生活实际，应用数学。

例如，在教学"百分率"这一课时，当学生完成学习后，我专门设计了一些实践活动，如调查本班学生的近视率、本年级学生的近视率，算算今天本班学生的出勤率和本年级学生的出勤率，算算本学科上一单元测试的及格率和优秀率。又如，学生在理解"把石块浸没在圆柱容器的水中，上升的水的体积就是这石块的体积"时，感到有困难，我便让学生亲自动手去做，让学生在动手实践活动中理解和体验知识。

3. 结合现代教学手段，增强数学教学的趣味性

在现代教学手段的辅助下，利用白板交互机独有的可视性、动态化、直观性，集文字、图像、声音、动画于一体，实现了视听技术与基础教育教学的有机结合，能够增强数学课堂教学的趣味性，使抽象的数学课堂得到形象呈现，使难以理解的数学难题也得到生动展现，这不仅可以激发学生的学习兴趣，更开阔了学生的知识视野，丰富了学生的课余知识，促进了学生素质和能力的全面提高。小学数学教师要与时俱进，开拓创新地在小学数学教学中应用现代化教学手段辅助课堂教学，构建高效课堂，培养学生的数学素养。例如，我在教学"图形变换"这一课时，运用多媒体动画演示图形的平移、旋转、轴对称等变换过程，增强课堂教学的趣味性，取得了极好的教学效果。

二、以学生自主探究、合作学习设计课堂，提高学生数学方法和技能

建构主义理论认为学生是学习的主体，强调学生对知识的主动探索、主动发展和对所学知识意义的主动建构。小学数学课堂教学要以学生自主探究、合作学习来设计课堂，提高学生数学方法和技能，以培养学生学习能力、实践能力、创新精神。

1. 营造和谐自主的课堂氛围

数学新课程标准指出：课堂上，教师要创设民主、平等、宽松、和谐的教学氛围。和谐的数学课堂教学氛围不仅能取得良好的教学效果，而且也是实现教学目标的方法和手段。因此，在小学数学教学中，教师要尊重、信任学生，

与学生平等交往，把爱心、微笑、鼓励带进数学课堂；要善于用亲切的眼神、和蔼的态度、热情的赞语来缩短师生间心灵的距离，真诚地关怀和帮助每个学生，和学生建立起深厚的师生感情，使学生"亲其师，信其道，乐其教"。

2. 创造自主探究、合作交流的学习机会

自主探究、合作学习的方式是指学生在实践中进行学习，在学习中独立地发现问题，获得自主发展的学习方式。教师在课堂学习中要借助各种情境，创设主动、互动、生动的学习氛围，让学生自己发现问题，探究解决问题的方法，通过各种学习途径获得知识和能力、情感和态度的发展，特别是探索精神和创新能力的发展。教师在教学中要充分关注学生"自主、合作、探究"学习品质的形成和发展。在小学生数学合作学习中，教师要鼓励每个学生敢于提出问题，敢于大胆猜想，敢于标新立异，形成自由和谐的探讨气氛，使学生主动向未知挑战。在合作探究中，学生的不同智力水平、不同思维方式经过交流整合，有的得到修正，有的得到提升。

3. 注重适时课堂评价

课程标准指出：评价的目的是全面了解学生的数学学习情况，激励学生的学习和改进教师的教学。在小学数学课堂教学中，教师要善于通过适时的课堂评价，强化学生主动参与学习活动的积极性，唤醒并激发他们的创新欲望，让学生始终保持一种乐观向上的、积极的学习状态。在课堂教学评价中，教师要让学生从教师的评价中获得成功的体验，在同学之间的互评中获得成功的喜悦，让学生学会认识自我，欣赏他人，建立自信，要让小学数学课堂教学评价成为学生学习的动力和源泉，为学生的终身发展服务。

三、以培养学生良好的数学学习习惯设计课堂，培养学生数学素养

陶行知先生说过："什么是教育？简单一句话，就是要养成良好的学习习惯，教育就是习惯的培养。积千累万，不如养个好习惯。"良好的数学学习习惯能促进学生思维的发展，有利于提高学生的自学能力，既是学生获取数学知识的根本，又是学生不可缺少的基本素质。学生是否养成良好的数学学习习惯，不仅直接影响当前的学习成绩，而且对今后乃至终身的学习和工作都会产

生不可磨灭的影响。在小学数学课堂教学中，教师要以培养学生良好的数学学习习惯为目的来设计课堂，培养学生的数学素养。

1. 加强听、说、读、写等基本数学学习习惯的培养

听：要培养学生专心倾听别人发言的习惯，使学生听出别人发言的重点，对别人的发言做出判断，有自己的见解。

说：要培养学生敢说的勇气，使学生说话声音响亮，条理清楚，语句完整，突出重点。

读：要使学生养成认真阅读、仔细审题的好习惯。

写：要培养学生书写工整，有条理的习惯。

2. 重视计算算理，养成良好的计算习惯

良好的计算习惯是促进学生计算能力形成和提高的直接因素。在小学数学课堂教学中，教师应重视学生计算习惯的培养。例如，我在自己的教学工作实践中从如下几方面培养学生良好的计算习惯，产生了较好的效果：①养成认真细致、规范书写的习惯；②养成认真审题，仔细分析的习惯；③养成认真演算，善于打草稿的习惯；④养成优先简算的习惯；⑤养成估算、验算的习惯。

3. 搭建思考平台，养成勤于思考、勇于探索、合作交流的良好的自主学习习惯

新课标指出：学生学习应当是一个生动活泼的、主动的和富有个性的过程，除接受学习外，动手实践、自主探索与合作交流同样是学习数学的重要方式。教师要发挥主导作用，处理好讲授与学生自主学习的关系，引导学生独立思考、主动探索、合作交流，使学生理解和掌握基本的数学知识和技能、数学思想和方法，获得基本的数学经验。因此，在小学数学课堂教学中，教师要搭建学生思考的平台，让学生养成勤于思考、勇于探索、合作交流的良好的自主学习习惯。我国当代著名科学家钱学森说过："自学是人一生中最好的读书方法。"只有学会自主学习，才能学会深刻地思考，才能对获得的种种信息进行分析、综合、比较、分类、抽象、概括、具体化等。这些能力都是在学生自主学习的过程中训练、完善和开发的。此外，自主学习还能激发学生的好奇心、求知欲和最大潜能，磨炼学生的意志，培养学生的数学素养。

小学阶段是学生系统学习数学的开始，在小学数学教学中培养学生的数学素养具有重要的教育价值。培养小学生数学素养是一个长期的、不断积累的过程。小学生数学素养的提高不是空泛的，要落实到具体的数学课堂教学过程之中，体现在数学教学的各个环节中。

让数学的本源在课堂尽情起舞

2017年11月8日至10日，我有幸参加了在广东省佛山体育馆举行的第十三届小学数学教学改革观摩交流展示培训活动，一共观摩了16节课，聆听了5位专家的现场精彩点评。参赛教师的课例展示，台上台下的交流互动，以不同的方式、从不同的角度对数学课堂做了丰富的诠释，一场场对话，如甘露沐浴我的心田，让我的教学眼界一次次被拓宽，教学思想一次次被引领，教学思考一次次被点燃。本次交流展示活动主要有以下特色。

一、追求自然本真的"数学味"

好课犹如美味佳肴，展现的是功夫和味道。所以越是普通的课堂，越能显示出功底来。本次的课例展示，很多课堂都没有太多精彩的情境创设，没有过分华丽的课件呈现，没有"轰轰烈烈"的合作学习，没有流于表面的形式，却更多地折射出自然本真的"数学味"。执教教师的教学设计以学生的认知为出发点，基于学生又服务于学生，在朴实中尽显真功夫。

云南省昆明市肖唐娜老师执教"解决问题"一课，她从生活事件的叙述开始："肖老师的好朋友从成都飞到昆明，肖老师带她去斗南花卉市场。肖老师买了3枝百合花，付了18元。肖老师的好朋友也想买8枝同样的百合花，好朋友要付多少钱？"她让学生自己记录数学信息，然后展示作品，让学生经历从生活中提炼数学信息、发现问题、提出问题、分析问题、解决问题的过程，经历画图过程，突出感受直观模型的价值，突出解题策略的指导，在归纳总结中建立"归一问题"的数学模型，从而让学生掌握解题方法，发展学习能力，让学生在解题过程中享受探究和思考的快乐，享受学习和收获的快乐。

四川省青神县的欧建老师在执教"商不变的规律"这节课时也准确地找到了学生的认起点，借助学生已有的"积的变化规律"和"商的变化规律"的知识，把这一学习内容分为四个层次：一是探索被除数和除数怎样变，而商不变；二是感受商不变的规律与积的变化规律、商的变化规律间的联系；三是感悟被除数、除数变，而商不变；四是初步体会"变中有不变"的数学思想。欧老师善于抓住每一个学生发言中有价值的东西，既有肯定，又有引领。规律的探索归纳经历"雏形—不够完整—很完整—完美"的过程，探索都是学生自己，或与同伴共同完成的，所以学生积极主动、情绪高涨，课堂上的精彩回答让学生发自内心的掌声不停。

这两位教师的数学课就像一幅难得的素描：没有华丽的色彩，却呈现丰富的内涵；没有花哨的探究活动，却清清楚楚地剖析出每一个数学概念；有点条文式的教学方式，却呈现出灵动的数学思考，无限激发学生的理解潜能、创新潜能。"如何在不增加学习时间和强度的前提下提高课堂效率？""如何让学生喜欢数学？""如何把学生的学习激情、热情激发出来？""如何帮助学生学习数学？"这些都成了会后在我脑海中挥之不去的问题，也是我回到学校要探究的课题。

二、注重经验积累的"生本味"

《义务教育数学课程标准（2011年版）》提倡"以人为本"。数学教师不仅要关注学生学习了多少数学知识，掌握了多少基本技能，感悟了多少数学思想，还要关注学生是否积累了数学基本活动经验。因此，从"双基"到"四基"的变化，不只是量变，更是教育观念的转变。

广西桂林市的吕粤老师执教"乘法分配律"这节课，由"买衣服""剧场座位""长方形面积"三组素材引出四组等式：$(60+40) \times 4 = 60 \times 4 + 40 \times 4$，$(9+6) \times 5 = 9 \times 5 + 6 \times 5$，$(70+20) \times 40 = 70 \times 40 + 20 \times 40$，$(70+20) \times c = 70 \times c + 20 \times c$。依托这些问题的解决，学生经历从现实到抽象的过程，初步感知等式的相似，然后学生进一步观察、对比，发现这些等式存在的规律，接着通过大量的举例，验证这个规律，最后抽象概括，建立"乘法分配律"的模型。吕老师的课充分体现了以生为本的教学理念，整节课一条线贯穿始终，循序渐进，又不缺乏层次感，以建模为核心，诱发学生主动参与探究，帮助学生积累了研究活动的经验。

北京市房山区的王洋老师执教"身上的尺子"这节课，也注重实践活动和生活经验的积累。"王老师给大家带来了一本数学绘本，名字叫《身上的尺子》，看到这本书的名字，你有什么好奇，或者想问的吗？"课的开始，王老师就以数学绘本吸引了学生的全部注意力，让学生通过阅读，知道我们的身上有好多地方是可以当尺子的，带领学生走进"身上的尺子"的世界。在这节课上，学生探索"怎样测量一庹长和一拃长？""如何运用身上的尺子去测量？"……通过这些亲身的体验，学生直观地感受到了自己的一庹长和一拃长，拉近了和这些"尺子"的距离。最后，"学习卡——测量的东西（　　　），长度（　　　）"这一学习活动既能检验学生本节课的学习情况，又能进一步积累学生的数学活动经验，并充分调动学生的学习积极性，一举多得。王老师创设的每一个教学情境都情趣交融，使学生在愉悦的心境中学到了知识，学会了分析、比较和思考。

三、提升数学思想的"内涵味"

数学思想是对数学本质的认识，它是数学知识的精髓，是知识转化为能力的桥梁。使学生获得数学的基本思想是《义务教育数学课程标准（2011年版）》的重要课程目标。成功的数学教学，不是细数教会了学生多少数学知识，而是考量学生感悟了多少数学思想方法，这对学生来说是受益终身的。

内蒙古包头市的孙乐之老师执教"平行与垂直"这节课，课堂教学呈现朴实无华，以概念意象为着力点，帮助学生建立有关平行与相交，以及垂直等图像的概念意象，其中有静态的也有动态的，在此基础上，孙老师对教材有深度的思考，让"分类"成为本节课的"暗线"。所以，孙老师两次渗透分类的思想：一是在相交中辨认垂直，二是对平行、相交、垂直的内在关系进行分类。

山东省胶州市的纪子成老师执教"百分数的认识"，这节课的设计从"三所学校近视人数与总人数的比对表"引入，让学生经历一个素材积累—丰富素材—抽象概括—沟通联系—解决问题的数学建模过程，发展模型思想。同时，纪老师充分利用百分数的价值，培养学生数感、抽象能力、数据分析能力、推理能力等数学核心素养。

海南省洋浦经济开发区的李晓丽老师执教"圆的面积"这节课，课始通过把正方形的纸对折几次剪下一个等腰三角形，比较学生的作品，发现折叠次数越多，越接近圆，利用课件演示，当折叠无数次时，剪成的图形面积就是圆的面积，渗透极限的思想。接着让学生回忆以前学过的平行四边形、三角形、梯形的面积计算公式的推导过程，设计探究活动，引导学生在比较中逐步拓宽转化思路，主动探寻新的转化方法，拼成了平行四边形、长方形、梯形、三角形等，收到了较好的教学效果，为学生的后继学习起到了铺路搭桥的作用。

四、走入同课异构的"多彩味"

本次交流展示活动，有很多教师选取了相同的课题进行授课。虽然授课内容相同，但是教师对同一教材内容的不同理解，让课堂教学活动的生长点和学生创新思维的燃点也各不相同。对教材的不同建构，正是教师教学理念的反映及灵感、智慧与魅力的展现，彰显的是教师教学境界与教学功力。所以，本次观摩交流展示培训活动带给我们更多的是"同样的内容，不同的精彩"。

天津市的梁文婧老师执教"平行与垂直"这节课，从"把你理解的平行和垂直试着画出来"入手，进行作品展示，在交流碰撞中激发学生的探究欲望，然后对话文本、修正作品，在交流中统一"平行与垂直"的认识。接着是解决问题，从中又梳理了概念产生的质疑——"同一平面"的必要性，让学生在想象、思辨中建立空间观念，达到深化的目的。最后是回归生活，让学生在数学与生活的对接过程中运用概念，体会数学与生活紧密联系的过程，这也是数学素养培养的过程。

内蒙古包头市的孙乐之老师执教同一节内容，却从不同的视角引入。他由直线的概念导入，让学生动手画两条直线并初步分类，通过查阅教科书，说出平行线的特征记法和读法。然后将其他学生的作品纳入初步分类的结构，丰富表征，从中发现概念属性"不相交与相交"，初步建构"平行"与"相交"的概念关系。接着让学生在相交的作品中，量一量每个角是多少度，发现垂直，并进行二次分类，初步建构"相交"与"垂直"的概念关系。通过一道练习题，评价检测学习效果，巩固"平行"和"垂直"的概念关系。最后回顾知识的形成过程，初步系统化，让学生深刻领会"平行""相交""垂直"概念的内在关系，有效地渗透分类思想。

此外，选手们对"圆的认识""生活中的比"等课程也都进行了同课异构。执教教师用自己的睿智从不同的角度进行了教学设计，创设了轻松愉悦的课堂氛围，彰显了独具个性的教学风格。

当然，真实的课堂教学总是有遗憾的。在现场互动环节或私下交流中，很多教师也提出了值得探讨的问题。参赛教师在上课的过程中暴露出来的问题也是自己在以后的教学中需要注意的地方。例如，个别教师教学设计太过零碎，层次之间的衔接不够紧密，感觉重点不够突出；上课拘泥于设计好的成案，跳不出思维的圈子，扶着学生走，放手力度拿捏不准，把握小学生数学学习心理的能力还有欠缺，回应学生即时生成的各种课堂提问时针对性有待加强，等等。

作为一名教育者，我们一直行走在探索的路上！选手们的精彩将长留与会教师的心中，刻下经典的印象；一些问题和遗憾，能够引发我们进一步思考，以问题为新的课题，引领我们的探究之旅，使我们从此踏上更精彩、更有价值的教育征程。

淡妆浓抹总相宜

——广东省第九届小学数学说课展示观摩活动综述

2018年4月12—13日，我有幸参加了在惠州体育馆举行的广东省第九届小学数学说课展示观摩活动，一共观摩了12节说课，6节展示课，聆听了4位专家的现场精彩点评。参赛教师从不同的视角剖析教材和学生，设计了完全不同的教学活动，但教学活动都能抓住数学的本质，以学生活动为载体，注重数学思想的渗透，关注方法经验的积累。与会教师的12节别开生面而又异曲同工的说课宛若美丽的惠州西湖——"淡妆浓抹总相宜"！本次展示活动主要凸显了以下一些特色。

一、活动形式凸显"创新"和"聚焦"

在专家点评环节，李一鸣老师和与会教师分享了这次说课活动的两项"创新"、一个"聚焦"。两项"创新"：一是比赛形式创新。活动不再分A、B组，把21个市的选手整合为一组，让衡量的维度真实而公平，让评价更具促进作用。二是"说课"与"现场上课"相结合的创新。大家都知道"说比做容易""说到不一定能做到"，这样的结合，可防止漂亮的"假课"，确保说课的真实性，也让观摩教师对"说课"的可操作性有一个全新的认识和思考。例如，深圳市宝安区滨海小学的温丹珍老师和珠海市香洲区荣泰小学的罗超男老师同说"图形的平移"这一内容，两位老师新颖的活动设计给大家留下了深刻的印象，说课结束后，她们的现场展示不仅让观摩教师了解了更细致的操作过程，更验证了其设计的可行性、真实性。一个"聚焦"是指展示内容的"聚焦"。本次活动指定"图形与几何"这一板块的课题，涉及的版本有人教版和北师大版，涵盖低、中、高年段的内容。同一主题内容的说课更有价值，更有可比性，不但教者受益，与会教师也能得到更多的启示，为这一板块的教研提供了更为丰富的研究案例。

二、说课阐述凸显"清新"和"舒服"

说课的目的是教研，只要说清了"教什么""怎么教""为什么这么教"即可，阐述的结构安排可以根据需要进行大胆创新。本次展示的12节说课摒弃了以前程序化的东西，在结构和语言等方面都给人给人以清新和舒服之感。

有些教师从情境导入拉开序幕，吸引听课者的注意。例如，深圳市南山实验教育集团南头小学的张婧老师直接用"填数"游戏导入，利用PPT出示可爱的数字宝宝1、2、3和九宫格，它们要在九个空格中排队，怎么排呢？接着又要求每个空格中只能排1、2、3中的一个，而且每一横行、每一竖行的数字不能重复。这让听课教师一下子就跟着张老师走进了她特别的"数独"情境。云浮市的谢丽珊老师用魔术导入，奇妙的情境开场立即吸引了现场教师，大家跟着她的一举一动仿佛置身课堂。再如，深圳市的温丹珍老师，她把说课的结构直接分成两大块："教材与学情分析"和"目标和思路陈述"，清新实在，让听课者耳目一新。

另外，教者除了在说课流程设计方面做足功夫外，在语言、体态方面也给人以特别舒服的感觉。例如，中山市的刘林源老师采用一种亲切交流的语气，将学生、教师、说课者三种身份的语气和体态都进行了区分，带给每一位听课教师亲临课堂的感觉。

三、教材解读凸显"宏观"和"微观"

教材的解读解决"教什么"的问题，这是说好课的关键。"宏观"是对"图形与几何"这一板块知识在整个小学阶段乃至初中、高中阶段的整体把控，清楚各年段要达成的教学目标，明确执教的内容从哪里来，到哪里去。"微观"是对学生起点的解读，即学情分析，学生每节课的学习都不是零起点，只有解读学生已有的知识经验，尊重认知规律，才能实现有效而真实地教学。两者的有机结合是本次说课展示的又一特色。

中山市的刘林源老师在"图形的旋转"的说课中对教材的地位和作用进行了深度解读。大领域里的解读："图形的旋转"属于图形与几何领域关于"图形的运动"的相关知识，是图形的变换形式之一。从几何教学改革来看，图形变换是课程标准中新增的教学内容，它改变了近两千年来人们用静止的观点研究几何的传统方法，提倡用运动变换的视角研究几何问题，增强空间观念。小学阶段领域的解读：第一学段，结合实例，感知旋转现象；第二学段，认识图形的旋转，能在方格纸上作简单图形旋转90°后的图形；第三学段，探索并理解平面图形旋转及它的基本性质，能按要求做出简单平面图形旋转后的图形。以上内容解决了"教材内容从哪里来"的问题。"到哪里去"为本单元学习画简单的旋转图形和解决问题做好了铺垫，也为中学继续学习图形的旋转打下了坚实基础。同时刘老师做了深入的"微观"分析——学情前测，特别设置表2-3，并对完成情况进行精细的统计，由此确定本节课的教学目标。这样有的放矢的陈述不仅让人对知识的来龙去脉有了全面的认识，也给与会的教师带来了清晰的教学思路。

表2-3

前测问题	学生答案
1.列举生活中旋转的实例。（2～3个）	
2.根据你的理解，用自己的语言描述 ⟨钟摆图⟩ 钟摆是如何旋转的	
3.小旗绕点O旋转后的图形是哪个？（　　　） A.　　　B.　　　C.	

四、教学活动凸显"思想"和"积累"

教学活动的设计解决"怎么教"的问题，这是说好课的根本。教学活动的设计要注重数学思想的渗透和数学基本活动经验的积累，它们是数学知识的精髓，是知识转化为能力的桥梁。成功的教学，不是细数教会了学生多少数学知识，而是考量学生感悟了多少数学思想方法，积累了多少活动的经验，这对学生来说是受益终身的。

广州市李娅琴老师的说课"数学广角——数与形"，借助数来描述图形规律，以图形解释数的规律，让学生感受数形结合的思想在解决问题中的优越性，体会数学学习的价值。深圳市的温丹珍老师在说"画平移图形"的核心环节，放手让学生自己去画、比、数、议，让学生通过自己做来积累图形运动的经验。珠海市的谢林老师和惠州市的王露露老师说课内容是"轴对称图形"，通过学生的"辩""究""思""悟"，充分调动学生多种感官参与学习的全过程，使学生积累丰富的数学活动经验。佛山市黄晓芳老师的说课"平移"，设计了四个教学活动（想一想、移一移—数一数、填一填—画一画、说一说—赏一赏、识一识），使学生在观察、操作活动中，积累图形运动的经验，感受平移的本质，发展空间观念。深圳市张婧老师的说课"填数游戏"，设计了三个填数游戏，让学生掌握填数的方法，积累填数经验，提高学生的推理能力。珠海市罗超男老师的说课"图形的平移"，巧妙地渗透了转化的数学思想。肇庆市孔艺芳老师的说课"求不规则图形的体积"，通过探究不规则物体体积的方法，让学生体会转化、等积变形思想在解决问题中的应用。中山市的刘林源老师和惠州市的蔡远君老师的说课"图形的旋转"，通过观察实例、想象操作、语言描述等活动，使学生积累几何活动经验，发展空间观念。东莞市林细庆老师的说课"如何还原立体图形——观察物体"，让学生通过不断地经历观察、想象、猜测、分析和推理等过程，积累活动经验，提高空间想象和推理能力，发展空间观念。

五、理论依据凸显"理性"和"有效"

"知其然，还知其所以然"是说课的优越性。对具体教学内容设计的、基于课标的理论依据，或是基于数学学习心理学的理论依据一定要有针对性，这样才能为自己的教学设计提供有效的支撑。纵观这次观摩的12节说课，教师对具体设计都有理性而有效的思考。

中山市张丽媛老师的说课"认识负数"，引用课标中提出的"在熟悉的生活情境中，了解负数的意义"，由浅入深地对素材"电梯里的负数""存折中的负数""温度中的负数"进行了很好的阐释。惠州市蔡远君老师的说课"图形的旋转（二）"，则从学生认知心理角度对"冲关"情境的创设做了详尽的阐明，在"旧知迁移"环节，也是依据学生的认知规律"猜想—验证—交流—汇报"，以此让学生感悟新知，发展空间观念。

在私下的交流中，很多教师也提出了值得探讨的问题。参赛教师在说课的过程中暴露出来的问题也是自己在以后的探索中需要注意的地方。例如，个别教师说课的形态模糊，让听课者难以分辨是基于课前的说课还是基于课后的说课；对教学过程中一些细节处理详略不妥当；有些幻灯片的版面排得太满，内容太多，让听课教师领会不到说课者的设计意图；有些教学理念的提炼空洞，不具体；等等。这些问题和遗憾能够引发我们的进一步思考，以问题为新的课题，引领我们的探究之旅。

作为一名教育者，我们一直行走在探索的路上！选手们的精彩将长留与会教师的心中，既有浓墨重彩的"油画"，也有清新明丽的"山水画"，各有千秋，刻下经典的印象，正所谓"淡妆浓抹总相宜"，品课依个人所好，重在博采众长，各取所需。

架起数学与生活的桥梁，体验数学与生活同在

《义务教育数学课程标准（2011年版）》指出："教师应利用学生的生活经验，从学生熟悉的生活情境出发，选择学生身边的、感兴趣的事物，提出有关的数学问题，以激发学生的学习兴趣和动机，使学生初步感受数学与日常生活的密切联系。"因此，我们要架起数学与生活的桥梁，把数学知识生活化，把生活经验数学化，让学生在生活中实实在在地体会到数学的存在，这样才能让凝固、枯燥的数学变成开放、生动的数学，才能让学生在生活中获得对数学的个性化体验，使数学课堂真正焕发生命力。

一、从生活中来

生活是数学的发源地，是数学的根，因此，任何数学问题都能在生活中找到其产生的踪迹。《义务教育数学课程标准（2011年版）》指出："数学是人们生活、劳动和学习必不可少的工具。"既然数学来源于生活，那么数学教学就不应该只是单纯地传授知识，而应遵循源于生活、寓于生活的理念，让学生体会到数学就在他们身边，感受到数学的趣味和作用。

1. 教学内容"生活化"

数学的一个重要特点是抽象性，而数学内容的抽象性是通过提炼生活内容最终形成的，一些抽象的数学知识在生活中都有大量的、具体的"原型"。实践表明，如果所学的新知识可以从实际生活中找到"原型"，那么在现实生活中学习新知识就更容易让学生接受和理解。

例如，在教学"循环小数"一课时，为了在教学伊始就使学生产生新奇感，同时为了分散教学难点，我利用多媒体制作了形象逼真、色彩清晰的红绿灯动画。上课开始时我将此画面展现出来让学生观察，并让学生说出日常生活中看到的红绿灯变化情况。当学生说出绿、黄、红灯总是依次变化时，我告诉

学生："它总是按一定的顺序，不断地重复出现，这种现象叫循环。日常生活中有这种循环现象，数字运算中也会出现类似的现象。今天老师就和你们一起去研究。"这样，日常生活中红绿灯的变化规律为学生学习"循环小数"的定义打下了基础。

2. 生活素材"数学化"

教育心理学的研究表明，只有学习材料和学生的生活经验相联系时，学生对学习才会感兴趣。因此，数学教师要善于沟通数学知识与实际生活的联系，创设出贴近学生实际生活的问题情境，把生活中的问题抽象为数学问题。

例如，在教学"分类"这一课时，我在课前布置学生和家长一起去逛文具店或超市，要求学生留心观察商场里面的商品是怎样摆放的。如果有条件还可以把商场里的商品做成课件，我在新课伊始播放课件，创设情境，然后提问学生："你们看到了什么？这些商品是怎样摆放的？"学生很容易就能回答出"同一种商品摆在一起"，这就为分类的认识奠定了基础。用学生身边的情境呈现教学内容，增加了数学教学的现实性、趣味性，使学生不仅认识到数学知识与日常生活的密切联系，而且培养了学生喜欢数学的情感，调动了学生学习数学的积极性。

二、到生活中去

数学具有丰富的内涵，它具体表现在灵活运用之中。特别是小学数学，它作为一门基础性学科，有着特殊的应用价值，能活学还不够，还应在活学的基础上学会活用，使数学知识真正为学生的学习、生活服务。

1. 在情境中应用

在教学中，我们可采用图画、文字等形式虚拟出与现实生活有密切联系的问题情境，让学生在解决问题的过程中，感受到数学的应用价值。

例如，在学习完"时、分、秒"之后，我设计了这样一个生活情境：小红7：00起床，2分钟洗脸，3分钟刷牙，把牛奶和面包一起放进微波炉转5分钟，10分钟吃完牛奶和面包，15分钟走到学校，她能否在7：30准时到达学校？这样与实际结合的应用情境，既能促进学生用所学的"时、分、秒"的知识计算出经过的时间，又使学生学会了合理安排时间。

2. 在实践中提高

实践对于知识的理解、掌握和熟练运用起着"催化剂"和"检验员"的作用，只有亲身体验过的知识才能更深刻地理解、更熟练地运用。所以，数学教师要树立大课堂观念，让数学课堂教学向社会实践延伸，使学生的实践能力得到培养和提高。

例如，教学"利息、利率"这一内容，学生理解了利息、利率的含义，知道了计算利息的方法，跃跃欲试的心情可想而知。书上的习题学生感觉不够"解渴"，此时，我安排了以下作业：①做自己的会计，到银行去了解利率，然后把你积攒的钱存起来，想一想怎样存最划算，把你的分析汇报给大家。②做家庭小帮手，帮妈妈理财，算一算妈妈存的钱利息是多少，到期后可取回多少钱，怎样存钱最划算。学生兴趣盎然，调查、分析、计算、反复比较，最后去存钱。通过这一系列的实践，学生对利率、利息这一知识的理解较为深刻，同时学生的观察能力、比较能力、逻辑推理能力、语言表达能力等都得到了大幅度提高。而且此项活动也对学生进行了不乱花钱、珍惜家长劳动果实的思想教育，实现了教知识与育人并举。

数学来源于生活，并在更高层次上服务于生活。因此，教师要根据学生的认知规律，从他们的生活实际出发，在数学和生活之间架起桥梁，这样学生就一定会亲近数学，运用数学的意识就会不断增强。

手抄报：让数学的思维看得见

2020年是不平凡的一年，教学时间短，任务重，我结合线上、线下教学情况，引导五年级学生采用手抄报的形式梳理、巩固所学知识，通过"直观地看""形象地画""出声地想"等可视化思维方式，让学生以生动的方式学数学并收到了非常好的效果，学生的综合素养大幅度提升，在全县的期末质量抽检中，我班数学成绩位居全县第一，美术成绩位居全县第四。

一、利用手抄报促知识具象化

手抄报可以还原概念生成的全过程，即意义建构的过程。教材往往把有意义的、鲜活的生成数学知识的思维活动给遮蔽起来，因此学生理解知识的过程会出现思维断层。学生通过手抄报的形式进行梳理、表达，能跨越思维断层，促进知识的理解。例如，学生学完异分母分数加减法和分数乘除法，如何来表达抽象的算理呢？我让学生把抽象的算理和具体的图像对应起来，画在手抄报上（图2-49），形成学生看得见、摸得着思维的支架，从而促使算理具象化，帮助学生深度理解算理。

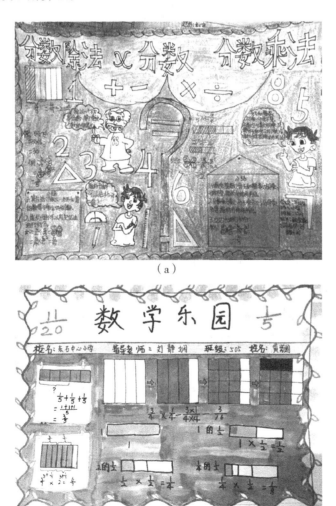

（a）

（b）

（c）

图2-49

二、利用手抄报促知识结构化

手抄报可以使"点状"的单个知识点走向"块状"的知识结构。每学完一个单元，我就让学生利用手抄报整理与复习所学的章节知识，目的在于让学生对学过的知识进行回顾与整理，查漏补缺，把零散的知识系统化，使本单元知识在脑海里形成一个完整的知识体系。例如，学完长方体的认识（一）和（二），学生通过制作手抄报，借助画一画、列表比一比或是树枝状的结构图等思维操作活动（图2-50），将长方体和正方体的特点、表面积和体积、展开与折叠的关系等知识梳理清晰，形成完善的知识结构。

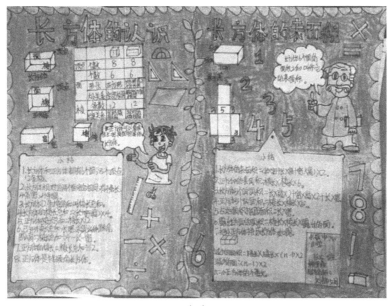

（a）

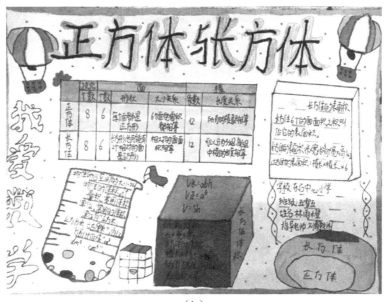

（b）

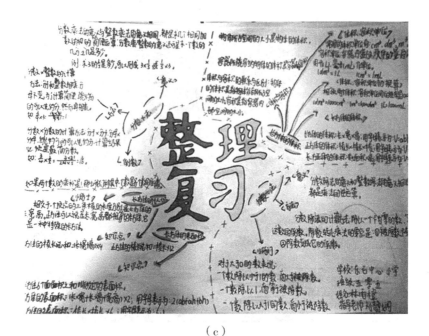

（c）

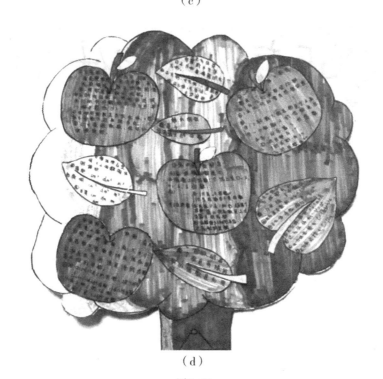

（d）

图2-50

三、利用手抄报促经验模型化

手抄报是学习数学的一种工具，不仅可以拓宽学生的学习领域，丰富学生的视野，还能激发学生学习数学的兴趣，其价值不仅体现在显性的数学知识结构化这个层面上，还对隐性的数学活动经验模型化有着更积极的意义。每次手抄报上交后，我不会第一时间评比好坏，因为每个学生都有自己的特点，所以全班都要进行交换，轮流欣赏，在欣赏的过程中学生不仅要看别人是怎样设计的，还要看别人呈现的内容自己是否理解，如不会做就请教办报的人。这种相互交流的过程其实就是经验积累和提升的过程，在后续学习中学生就能自发地激活经验，自然地迁移经验。

数学手抄报以小报的形式彰显数学的魅力，以多种形式和不同体裁来表现数学，为学生提供了数学知识的创作过程，激发了学生热爱数学的情感，提升了学生学习数学的兴趣，促进了学生综合素养的提升。让学生办数学手抄报不仅是我对学生评价的一次全新的尝试，而且是课程整合的体现，它能让学生在兴趣中学习数学，在操作中体验数学，在设计中欣赏数学，从而让数学的思维看得见。

小学数学作业讲评新尝试

——晒错化错法

一、问题的提出

小学数学教师每天都面临着"备课—上课"和"批改—讲评"这两件大事。甚至很多时候，教师们在"批改—讲评"上花的时间和精力大于"备课—上课"。因为就每天的教学任务而言，某个知识点是可以"教完"的，而由这个知识点衍生出的作业似乎是永远做不完的。有作业就得有批改，有批改就要有讲评。在一个学期中的某些时候，还会出现连续一段时间都在围绕"批改—讲评"而忙碌的现象。

"批改—讲评"如此重要的一项日常教学工作，很少被拿到"台面上"来讨论。这倒不是因为这份工作大家做起来已经很有方法、很有效，事实正好相反——教师们普遍觉得这份工作做起来很低效、很枯燥。当然，这种"低效、枯燥"主要是指其中的讲评环节。"这个题我都讲了几遍了你还错！"应该不少数学教师都讲过这句话吧。这句话的背景我想不必多做解释了。所以，作业讲评，很多时候是教师自以为已经把错误分析得很透彻了，学生应该都明白且不会再犯错了，而学生却用实际行动告诉你——你是一个人在唱独角戏。出现这种现状的原因，究其根本是在作业讲评的过程中，学生没有真正参与到对错误的分析中去，没有理解产生错误的原因和明确避免错误的方法。如此就产生了一个死循环：作业—批改—讲评—作业……

二、现象的思考

通过教学实践，我们采用了"晒错化错"的新型讲评方式，即将学生在作业中出现的错误，通过一定的形式展现在学生面前，由学生自主对错误进行评议，进而使学生理解错误产生的原因，提醒学生不要再犯这样的错误。这种讲评方式不是要消灭错误，而是要充分利用错误，引导学生从知识和情感两方面形成对错误的正确认识，尽可能防止同样错误的反复发生，进而提高作业讲评的效度。

1. 什么是晒错化错

晒错化错，顾名思义，就是将错误"晒"出来，进而化解错误。

2. 对晒错化错意义的再认识

晒错化错的根本目的在上面已经明确，即促进学生理解错误产生的原因，避免错误的再次发生，进而提高作业讲评的效度。那么，晒错化错何以能达到这样的目的呢？让我们来看一下我们实践后对晒错化错的理解。

第一，展现前车之鉴。在一些公路上，经常会看到这样的提醒语：前方是事故多发路段，请谨慎驾驶。这种提醒语是非常好的，表面上可能只是一种提醒，可以让驾驶员提高警惕，更深层次的意义则在于可以让驾驶员从别人的错误中吸取经验教训，进而提醒自己，而不是等自己在这个地方发生事故，才知道下次开到这里要小心。晒错化错正是基于这种"前车之鉴"的理念而实施的，旨在让学生从别人的错误中吸取经验教训。从学生的角度来讲，这是一种最"经济"的吸取经验教训的方式；从教师的角度来讲，这是一种尽可能扩大讲评受益面的方式。

第二，巧用学生特点。事实证明，当我们将一个错误实例呈现在学生面前，请学生自己来寻找错误原因时，学生的专注度和参与度是非常高的。学生会根据错误实例，结合自己犯错的经验，做出各种评议。我想，这就是小学生心理特点的充分展现。都说每个孩子的心里其实都想自己成为一名发现者，晒错化错，就是对小学生这种心理特点的巧妙利用。当学生可以看到别人的错误，又能结合自己的犯错经验，对错误产生的原因进行分析时，内心自然是有成就感的。这样的过程，比起教师一个人苦口婆心、呆板地说教，效果自然好得多。

第三，实现自我反省。对于错误实例，学生一方面需要对错误本身进行观察与思考，另一方面需要对自身以往犯错的经验进行回忆与再现。两者结合，才能对错误产生的原因进行合情合理的解读。很明显，这样的过程不仅是对"外在"错误的分析过程，更是对自己"内在"错误的反省过程。在这样的过程中，表面上学生是在找错，提醒别人，更深层次学生是在找自己的错，在提醒自己。

以上三个方面形成一个完整的晒错化错过程。相比教师讲评，晒错化错的最大优势在于充分发挥了学生的主观能动性，依靠学生、相信学生，让学生自己提醒自己、自己"感化"自己，实现对错误产生原因的真正剖析，可以更好地避免错误的再次发生。

三、如何晒错化错

晒错化错作业讲评表面上减少了教师的"戏份"，突出了学生的主体地位，其实，教师的"戏份"并没有减少，只是把工作从"台前"搬到了"幕后"。这就涉及晒错化错的具体操作。

（一）收集和呈现错例的形式

在现代智能技术的支持下，收集并呈现错例已经不是什么大问题。就实践而言，可以有以下一些形式。

1. 实物展台收集呈现

实物展台收集呈现即将学生的错例（作业本或练习纸等）直接放在实物展台上呈现。这是一种相对比较便捷的方式，可以随时使用。

2. 图片收集呈现

图片收集呈现即将学生的错例用手机拍照等形式转化为一张张图片，讲评时，只要直接用播放图片的形式进行呈现即可。

3. 图片收集课件呈现

图片收集课件呈现是一种相对比较精细的方式，即将已经转化为图片的错例，做进课件依次呈现。在做进课件的过程中，可以对错例进行必要的处理，如截图消除一些无关干扰因素，进行必要的标注，引导学生"化错"，等等。

4. 图片收集纸质呈现

图片收集纸质呈现即将已经用图片形式收集的错误，进行分类整理，编制成一张练习纸，以纸笔的形式进行"晒错化错"。

以上是我们在实践中所采取的收集和呈现错例的方式，这些方式有不同的适用时机。比如第一种，适用于准备时间比较紧张的情况，最后一种，可用于综合性的"晒错化错"，有种指向于"复习与整理"的意图。当然，不管是何种形式，有一点都是需要大家注意，那就是一定要梳理好错例呈现的顺序，可以按照作业顺序来排序，可以按照轻重缓急来排序，也可以按照"化错"需要来排序（如先指向理解类的化错，再指向态度类的"化错"，等等）。

（二）"化错"的评议策略

"晒错化错"的实施分为两个环节：第一是"晒错"，是基础性工作，指向错例的选择、收集与呈现，这在上文已经提及。第二是"化错"，是核心环节，指向对错例的评议。不管是怎样的错例，在评议时，一般都会经历如下几个步骤：

第一步：识错，即认识错误。这是一个静悄悄的环节，学生此时独立观察大屏幕上的错例，识破错例到底错在哪里。

第二步：述错，即讲述错误。在学生已经自认为识破错误的前提下，请学生讲述屏幕上呈现的错例的错误之处。因为有些题，解题需要一定的过程，而学生的错误，往往只是其中的一小步。

第三步：议错，即议论错误产生的原因。这是关键的一步，需要学生结合自己的经验——解题经验和犯错经验——对错误产生的原因进行分析。这种分析一方面是知识性的，即从对题目的理解等方面进行分析；另一方面是情感性的，即从解题的态度等方面进行分析。

第四步：化错。这是最后一步，也是最有价值的一步，即让学生思考，从上述错误中学到了什么，有什么需要提醒大家的。化错，表面上化解了当前的错误，从更深层次来说需要化解学生心中的错误，化解后续学生可能发生的错误。

（三）"化错"中的教师行为

在"化错"过程中，教师行为主要体现为组织、引导和合作。

1. 组织

组织主要是指教师组织学生观察错例、发表意见。有时候根据自己对学生的了解情况，教师还要估量着学生可能的理解，组织好学生发言的顺序，等等。

2. 引导

引导是比较关键的，即教师要引导学生正确、深入地观察错例，并逐渐走入错误背后，直抵核心。

一般而言，在引导学生"化错"的过程中，教师需要聚焦这样几个问题：错在哪里？为什么错？如何改正？有何建议？还可能产生怎样的错误？题目还会怎么变化？你在这个错误中学到了什么？

3. 合作

这里的合作主要是指教师在"化错"过程中，也要适当扮演学生的角色，与学生一起识错、述错、议错、化错。这就需要教师将自己的经验及批阅过程中看到的各式错误，通过"合作"的形式展现出来。例如，在思考"还可能产生怎样的错误"之时，教师可以借此更多地呈现批改过程中遇到的几种错例，以及在"题目还会怎么变化"上，教师可以给出更多的提示。

以上是我们对"晒错化错"的思考与实践。至此我们还需明晰，犯错是极其正常的事情，在错误中学习，本身就是成长的一种方式。因此，"晒错化错"不是要消灭错误，而是要充分利用错误，引导学生从知识和情感两方面形成对错误的正确认识，尽可能防止同样错误的反复发生。

基于小组合作学习技巧方面的思考

2019年3月31日，我在平远县实验小学有幸聆听了张少雄专家关于"打造以导学案为平台小组合作下的高效课堂之思考"的专题讲座，他给我们分享了关于小组合作学习方面的操作流程和导学案使用的步骤等，使我们受益匪浅。在小组合作学习方面，我也做了一些尝试，下面就合作学习方面的技巧谈谈我的做法和想法。

一、树立合作意识，培养沟通技巧

培养小组合作学习意识、训练小组合作学习是个慢功夫，要规定学习方式。

1. 认真倾听

倾听能让学生及时发现同伴的发言中哪些值得借鉴，哪些需要补充，哪些需要改正，能让学生做到取长补短。但在实际操作时，往往由于学生强烈的自我表现欲——都想让别人听自己的，出现别人说时也不注意听的现象。为了培养学生倾听的习惯，我进行了如下尝试并取得了较好的效果。

（1）经常提醒。

习惯的养成需要日积月累，在学生开始合作前，教师可以用语言进行适当的提示，如开始合作时说"合作时要注意"，学生对应说"认真倾听"。这种提醒看似形式化，但能不断地将倾听意识植入学生的头脑。

（2）率先示范。

在学生合作学习时，教师要及时深入到学习小组之中，指导、督促学生倾听。例如，我在教学"周长的认识"这节课时，在小组合作开始后，走到一个小组中听到一名学生说："我是这样画这片树叶的周长的，我从一个点出发，绕着树叶一周的边缘描画，最后又回到了刚才的起点。"听到这我马上问同组的其他学生："谁听清了，他刚才说的话哪些地方很关键？"其中一个学生马上说"是边缘"，另一个学生又补充说"是一个点"。我摇摇头，这时这个组的组长说："老师，我想应是一周和又回到起点。"接着学生解释了原因。我及时表扬了他，并告诉学生在听别人发言的同时自己要认真思考，这才是会倾听的表现。

（3）不断鼓励。

小学生对任何事情都有热情，但持续的时间短，为了使倾听这个好习惯成为每个学生的品质，教师和伙伴的鼓励也是必不可少的。我们要求组长善于发现组内会倾听的同学，对小组同学的发言提出意见或进行补充的，组长就要对其提出表扬并在倾听好的同学的作业本上画一个笑脸。

2. 有效互助

互助是合作学习的根本。如何互助？如何让小组学习成为学生共同发展的载体？我在我班采取了及时纠错和适时补充的方法，取得了一定的成效。

（1）及时纠错。

在组内交流时，学生要善于把别人的发言与自己的观点联系起来思考，判断分析发言同学所讲的内容自己是否赞同，如果有异议，在发言结束后要及时指出。这种以小组为单位，以集体的智慧和力量共同巩固知识、矫正错误的方式有利于发挥学生的智力潜能，让学生在相互启发甚至相互问难的过程中将思考和认识展开并引向深入，从而保证合作的高效落实。

（2）适时补充。

在合作学习中，不仅要指出同伴发言中的错误，而且在遇到不同见解、不同方法时，要马上提出来进行适时补充，并展开讨论，找到合理有效的解题策略，这样学生能学得灵活、学得透彻。"你讲得清楚明了，我同意你的计算方法，但我还有一种法，计算起来也很简便。我是这样做的……""听你这么说，我也想起了一种方法……" "我的做法和你的正好相反……"这样深入探究的对话，这样和谐交流的场面，说明学生真正参与到学习中了。

3. 学会调控

在小组合作学习的过程中，学生之间存在的差异往往会造成小组内出现小摩擦、小矛盾。最初成立合作小组时，小组长通常都是班里的精英，他们平时都是在教师的"呵护"下成长的，所以总是习惯表现自己，忽视其他同学的感受，不能虚心听取别人的意见，时间一久组内的矛盾就会显现出来，使合作无法继续下去。如果这时教师不理不睬，这种现象就会愈演愈烈；如果以批评为主，又会打消学生学习的积极性。为此，我提出以鼓励教育为主，大力表扬那些懂得谦让、善于助人的小组长，通过榜样的示范引领实现整体调控。

与之相对应的，小组内还常常有些胆怯、自卑的学生，他们在小组内不发言，对于别人的发言大多无条件赞同。为了使他们自信起来，尽快参与到合作学习中去，我提出了"降低难度—耐心等待—及时帮助—适时鼓励—团队考评"的五步策略，即把难度较低，比较容易的任务交给这些学生完成，组内成员要耐心等待，切忌不耐烦地催促，在其需要的时候要给予帮助，班级活动中要以团队方式参与考评。这些措施的实施使我们的小组合作学习没有了争强好胜，多了谦让和谐；没有了嘲笑挖苦，多了宽容理解；没有了求全责备，多了关心互助。

二、形成评价机制，积累合作经验

学生大胆地、主动地去说、去做非一日之功，需要的是师生之间、生生之间的欣赏与激励。为此，我提出了学会欣赏、学会尊重，善于发现别人身上的闪光之处，耐心倾听同伴的发言，同时提倡鼓励、提倡感谢、提倡掌声，让学生养成用掌声表达欣赏，用语言鼓励他人和表达感谢的习惯。我一般采用以下几种评价方式：口述式、文字式、评"星"式。口述式：在小组合作交流积极或相互倾听有效时，教师一定要及时鼓励。文字式：除了口头上的表扬，还要在他们的前置作业本上写下几句由衷的赞美，如"你的想法很有创意" "你完成得很认真" "你的思路非常清晰"等，激励学生更主动地去学习、去表现自己。评"星"式：一个月评奖一次，选出诸如"合作之星""倾听之星""进步之星"等，并把这些小组的照片贴在学习园地中。

感谢张少雄专家的分享，让我听后有反思的动力和总结的平台！以上是我在小组合作学习技巧方面的粗浅看法，意在抛砖引玉，和同行交流、切磋、碰撞，产生更多的智慧火花。课改前行的路上，纵然有喜有忧，有笑有泪，但也一定会有花有果，有香有色，期待我们平远的教育迎来又一个春天！

第二节　指向核心素养的教学实践

活动中体验　应用中拓展

——教学"分桃子"一课有感

【教学背景】

"数学生活化""学习生活中的数学"是《义务教育数学课程标准（2011年版）》中的重要理念。"数学教学应从学生已有的生活经验出发，让学生经历将实际问题抽象成数学模型并进行解释应用的过程，进而使学生获得对数学的理解的同时，思维能力、情感态度、价值观等方面得到进步与发展。"在这个过程中，如何让学生更好地对数学知识进行体验、创造，从而真正理解所学内容并能灵活运用呢？这就要求教师在"教"与"学"中都要以"做"为中心，达到"教、学、做合一"，在"做"中让学生手脑并用，才有可能让每个学生都发挥出他们再创造的潜力。"分桃子"是我在市里优质课比赛时执教的一节课，本节课是典型的概念教学课，单从知识点上看没有什么新意，甚至还有些枯燥。如何让学生在"做"中感受数学，使学生在生活中感知平均分，主动学习、主动探索呢？

【设计思路】

"分桃子"是北师大版小学二年级数学"分一分与除法"内容的第一课时，本单元是学生在已经初步了解乘法的意义，会用2~5的乘法口诀口算表内乘法的基础上进行的。在日常生活中，学生经常接触分东西的活动，具有一定的分配经验，但学生的直观感知和形象思维仍占主体地位，并且分的过程带有很大的随意性。因此，在教学中我借助实物来让学生感受、交流，体验平均分的意义，再逐步抽象到借助图示进行平均分，把生活经验转化为学习方法。我在设计上注重从细微处入手，体现创新，尽量让每一个"做"的环节都比较细腻。

【教学过程】

（一）走进生活"看"数学

师：同学们，你们喜欢看动画片吗？（边播放边解说）看，有一天猴哥、猴弟和妈妈一起到山上摘桃子，兄弟俩可能干啦，一会儿就摘了一大篮子的桃子。猴妈妈非常高兴，挑了8个又大又红的桃子，准备奖给兄弟俩。但是，怎么分呢？你愿意帮助猴妈妈吗？

（揭示课题：分桃子。）

师：猴哥、猴弟可能吃几个桃子？

生1：哥哥大，吃5个，弟弟小，吃3个。

师：哦，你是按年龄来分的呀，不错的想法。

生2：哥哥可能吃2个，让弟弟吃6个。

师：有谦让精神的哥哥。

生3：每人4个，这样他们都会很高兴。

师：哦，你替妈妈考虑得真周到，让兄弟俩心情都高兴！那究竟怎么来分这8个桃子最合适呢？这节课我们就来研究这个问题。

思考：用学生熟悉并喜欢的动画人物引入教学，从一个熟悉的生活情境中提出熟悉的问题，简洁有效地巧妙设疑，激发了学生探究的兴趣。

（二）借助活动"做"数学

师：请大家拿出准备好的8个圆片，分给这两只小猴，看有几种分法。

（学生分，然后汇报。）

师：你们觉得哪种分法最合适？

生1：4个和4个的，因为这种分法很公平。

生2：对，因为这么分他们不会打架。

生3：因为这样分他们分到的一样多。

师：看来这种分法很公平，也很重要。小朋友们，那你知道吗？这种分法是有名字的，数学家给这种分法起的名字就叫作平均分（板书）。那怎么分才是平均分呢？

生4：给每只小猴子分的都是4个，就是平均分。

师：对，也就是每份分的同样多，就是平均分。那怎样才能做到平均分呢？到小猫家看看就知道了。（大屏幕）今天是小猫的生日，有这么多的鱼，数数看，有多少条呢？

生：一共有12条鱼。

师：要想使每只小猫分到的鱼同样多，该怎么分呢？请小朋友用塑料棒代替鱼来分一分。

（生动手操作，师桌间巡视。）

师：分好了吗？老师先请四名同学来扮演可爱的小猫咪，谁愿意？（为他们戴好头饰）谁愿意当猫妈妈来为他们分鱼呢？（同样为她戴好头饰，并给她12条鱼的卡片）"猫妈妈"，你要一边分一边说，让每个小朋友都听到你是怎么分的。小朋友们，我们要仔细听，看看她分的和你分的一样吗？

生5：给你3条，给你3条，也给你3条，最后这3条给你。

生6：给你2条鱼，给你3条鱼，给你4条鱼，给你3条鱼。

师：小朋友们，第二个"猫妈妈"这么分是平均分吗？

生：不是，因为每只"小猫"分到的鱼不一样多。

师：现在谁有办法能使四只"小猫"分的鱼同样多呢？

生7：老师，只要从分到4条鱼那只"小猫"那拿出1条鱼给只有2条鱼的"小猫"就同样多了。

师：（拿鱼）是这样拿吗？小朋友们，现在是不是平均分了？

生：是。

生8：先给你2条，也给你2条，再给你2条，最后给你2条。然后我再给每只"小猫"分1条鱼。

生9：还可以一条一条地分。就是先给每只"小猫"分1条鱼，让他们先吃着，再给每只"小猫"分1条，最后给每只"小猫"再分1条。

……

师：同学们都很聪明。在你们的帮助下猫妈妈终于把鱼分好了。（课件演示18根骨头和3只小狗）谁知道小狗想请我们帮什么忙？

生：小狗想让我们帮助分骨头。

师：那一共有多少根骨头呢？快数数。

生：一共有18根。

师：好，把这18根骨头平均分给3只小狗，每只小狗会分到几根呢？请小朋友们用塑料棒代替骨头分一分并和同桌说说你的分法。

（学生动手分塑料棒。）

……

思考：学生一直饶有兴趣地沉浸在"做数学"中，"平均分"就这样从他们的手上、嘴里慢慢进入头脑，这就是一个抽象概念建立的过程，让学生在自己的活动中学习和掌握知识，为学生提供充分观察和操作的机会，引导学生在"做中学"。学生摆圆片分桃子，摆小棒分鱼、分骨头，亲历知识的形成过程，感受数学知识的真实性，促使知识内化。

（三）回归生活"用"数学

师：那下面老师可就要考考你们了，大家看，这是什么图案？（课件出示五环图）完成课本上的练习。（教师巡视）

生10：（举着书）我是把五个圆圈在了一起。

师：啊，他用的是圈一圈的方法。还有不一样的方法吗？

生11：（举着书）我是用线把五个圆连在了一起。

师：谁知道他用了什么方法？

生：他用了连一连的方法。

师：你真聪明，善于总结学习方法。除了圈一圈、连一连还有别的方法吗？

生12：老师，我是用了隔一隔的方法，我用竖线把五个圆隔开。

……

（屏幕出示练习题4，9个气球平均分给4个同学。）

师：分完了，还剩下一个，看来并不是任何时候都能正好做到平均分。那要想平均分，你有什么好办法吗？同桌讨论讨论。

生13：把一个分开。

师：把哪个分开？

生13：就把刚才剩下的那一个分开。

师：好，这是一种方法。但并不一定非得分开呀，可以把它放飞。还有别的方法吗？

生14：老师，只要再拿来3个气球就可以做到平均分了。

师：小朋友们仔细听，再拿来3个气球，每人平均分到几个气球呢？

生14：每人能平均分到3个气球。

师：他多聪明呀，别人一说放飞气球，他马上就想到了买气球。这也是一个很好的办法。你还有什么高招吗？你可以从这几个小同学身上动动脑筋。

生15：老师，让其中的一个同学不去，就可以了。

师：去几个？

生：去3个。

师：那这样每人能平均分到几个气球呢？

生：3个。

……

思考：这个实际应用的环节结合实际问题让学生感知平均分的两种可能，即全部分完；出现剩余，剩余的不够每份分一个。在应用中学生拓展了解决问题的思路和策略，借助解决问题感受到了数学的价值和魅力。

【教后反思】

如何给学生充分活动的时间和空间，让学生在"做数学"中更好地理解数学概念是本课重点思考的问题。所以，本节课教学突出体现了以下两个特点。

（一）活动中体验

让学生借助活动在"做"中充分感知体验，逐渐抽象概括，建立概念。在指导学生认识平均分时，让学生一次次地分桃子，说出分法，感受平均分的意义；摆小棒分鱼、分骨头，亲历平均分的过程，通过这些活动的安排，学生建立清晰牢固的平均分概念。

（二）应用中拓展

"有剩余的平均分"是本课的教学难点，为了突破这一难点，在应用知识的环节，我设计"把9个气球平均分给4个小朋友"的活动，有意识地打破了学生的思维定式，促进学生深入思考，拓展解决问题的思路和策略，进而提高了学生用数学的能力，使学生感受数学的价值和魅力，同时为学习有余数的除法做铺垫。

核心素养从"浸润"中来

——"长方体的认识"教学实践

【教学内容】

北师大版教材五年级下册第11页。

【教学思考】

课标解读：新时期的教学指向培养学生的核心素养，而几何板块中的空间观念是最为核心的概念。空间观念主要指根据物体特征抽象出几何图形，根据几何图形想象出所描述的实际物体；想象出物体的方位和相互之间的位置关系；描述图形的运动和变化；依据语言的描述画出图形；等等。以上内容对空间观念做了非常直观的"目标性"描述，那么在这样的目标指引下我们还能解读到什么呢？教材是怎样来实现这一发展内容的？又该如何去实践呢？

我认为核心素养不是"教"出来的，不是"训"出来的，而是"浸润"

出来的，是在长期宽容的、开放的、丰富多彩的数学活动中熏陶出来的。五年级的学生已具备了一定的探究能力和小组合作意识，认识长方体和正方体的特点，并不困难，此内容的教育价值在于更有利于实现学生后续发展的目标——培养学生空间观念，这既是重点也是难点，需要经验的支撑和时间的积淀。另外，学生受思维的限制，空间想象能力没那么丰富，恰当地借助现代信息技术，能够助力学生空间想象能力的发展。

为了有效地"浸润"核心素养，我精心设计了数一数、搭框架、补框架、拆框架、搭配面、猜实物六重"浸润"活动，试图以问题为驱动，引领探究，构建五步探究流程：问题驱动—导学探究—学以致用—梳理总结—课外延伸，巧妙地让学生经历"实物—长方体—框架——组长、宽、高"的抽象过程，在巩固练习中又让学生经历"一组长、宽、高—框架—长方体—实物"的还原过程，让学生在新颖中感悟数学思想、建构空间观念、发展核心素养。

【教学目标】

（1）认识长方体各部分的名称，掌握长方体的特征。

（2）通过观察、猜想、操作、想象、推理、探索等数学活动自主探索、合作交流，积累活动经验，发展初步的空间观念和推理能力。

（3）感悟团队合作的重要性，获得积极的情感体验。

【教学重点】

正确理解长方体的特征，建立丰富的表象，形成一定的空间观念。

【教学难点】

培养学生的空间观念。

【教具与学具准备】

课件、长方体实物、正方体实物、小棒等。

【教学过程】

课前谈话：孩子们，昨天老师说有一份神秘的大礼包，今天我把它带来了。你们想知道里面装的是什么吗？老师想请同学们上来摸一摸、猜一猜。

（一）激趣导入，问题驱动

（倒出不同的长方体实物呈现在学生面前）这些东西都可以统称为——长方体。

（1）这些物品颜色不一样，材质不一样，大小也不一样，为什么都可以统称为长方体呢？看来，在那么多不一样的后面一定有它们的相同之处，这些相同之处到底是什么呢？马上开始我们的探究之行！

（2）在长方体实物上摸一摸，你摸到了什么？（直观认识面、棱、顶点。）

（3）引出课题。

设计意图：从学生感兴趣的猜物情境出发，提出核心的探究问题，让学生在实物上直观地感受面、棱、顶点，借助课件演示，建立直观的表象，无痕地引入学习。

（二）导学探究，丰富表象

活动一：数

（1）出示活动要求。

数一数长方体的面、棱、顶点各有多少个，完成学习单（一）。

（2）学生汇报，同伴评价。

（3）认识长、宽、高。（指出不同方向放时的长、宽、高。）

（4）仔细观察，长、宽、高各几条？

设计意图：学生通过看、找、摸、数长方体的面、棱、顶点，对长方体形成表象的认识。设计多次找长、宽、高的活动，使学生巩固对长、宽、高概念的理解，也为下面的"搭"做好铺垫。

活动二：搭

看！老师给你们准备了小棒和接口，相同颜色的小棒长度都相等，请看操作要求！

（1）出示课件，如图2-51所示。

> 操作要求
>
> 选材料：从学具盒中选取合适的材料放在桌子上；
> 同桌合作分工搭一个长方体框架；
> 有困难的可以示意老师；
> 观察搭好的框架，看看有什么发现。

图2-51

师：都明白了吗？千万不要忘了先选材料。开始吧，比一比哪个小组动作最快！

（2）学生以小组为单位活动。

（3）学生展示作品，分享搭的过程中的发现。

（4）动画演示，理解"相对"，归纳得出：相对的棱长度相等。（板书）

活动三：补

出示课件，如图2-52所示。

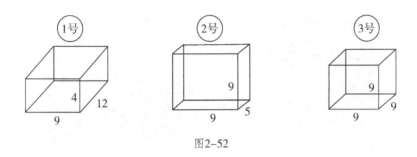

图2-52

（1）提出问题：老师想把上面的三个长方体框架的表面糊上纸片，做成密封的盒子，分别需要几张纸片？

（2）6张什么样的纸片呢？请你选一个图和同桌交流，并完成学习单（二）。

（3）学生汇报。

（4）用平移的方法演示，共同归纳得出：相对的面完全相同。（板书）

（5）你认为长方体和正方体之间有什么关系？为什么？（正方体是特殊的长方体）

（三）学以致用，发展能力

拆框架：

（1）提出问题：如果拿掉1根小棒你还能想象出这个长方体的形状和大小吗？你是怎么想的？至少保留几根小棒你还能想象出长方体的大小？

（2）学生活动。

（3）学生汇报怎么还原想象。

（4）小结：是啊，拆到分别留下一条长、宽、高，我们仍然能清楚地感知它原来的大小。同学们，我们拆走了有形的框架，但留在我们脑海中的是无限的想象。

设计意图：本环节的设计充分发挥几何图形的特点，促进学生空间观念的发展，打破了学生思维框架的魔咒，让学生根据仅有的三条棱的框架想象出原来物体的形状，深入理解顶点与棱的特征、顶点与棱之间的相互联系。

搭配面：

继续放飞你的想象，你能根据长、宽、高想象出它的6个面分别是下面图形中的几号吗？（图2-53）

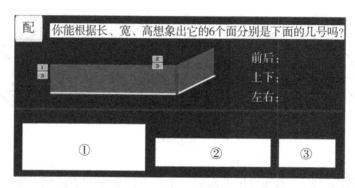

图2-53

设计意图：延续上一个拆框架环节，只剩下一组长、宽、高时，想象出它的6个面的形状和大小，还原出它原来的样子。

猜实物：

（1）难度继续升级！看，这个是你学习中的物品，你非常熟悉，能联想到它是什么吗？在头脑中构建，比画一下，可能是什么？猜出来了吗？

（2）课件演示。

（四）梳理总结，建构思想

课的最后，帮助学生建构数学思想：让我们静下心来一起梳理：我们的探究活动经历了"实物—长方体—框架——组长、宽、高"的抽象思维过程（板书），在巩固练中又经历了"一组长、宽、高—框架—长方体—实物"的联想思维过程（联想），"抽象"和"联想"是我们学习立体图形最重要的思维方式。

设计意图：利用思维导图进行知识和思想方法的梳理总结，带领学生从头到尾完整地回忆学习过程，在头脑中建构起完善的知识网络，让积累的活动经验、浸润的数学思想更深刻。

（五）微课展示，课后延伸

（略）

【板书设计】

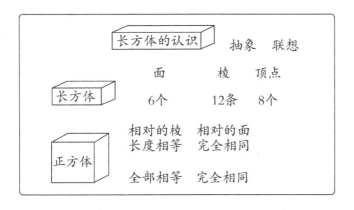

[该课例是梅州市第九届教育教学研究课题《现代信息技术与小学数学教学深度融合的实验研究》（课题编号为MZ0902-PYX314）实践检验阶段的重要成果，参加2018年全市教学技能大赛暨优质课评比获第一名，向全市骨干教师展示，参加广东省第十一届小学数学优质课评比获最高奖。]

操作·体验·比较

——"什么是面积"教学实践

【教学内容】

北师大版教材三年级下册第49~50页。

【教材分析】

北师大版教材将"面积"这一内容安排在三年级下册第五单元，"什么是面积"是面积单元的起始课，属于"空间与图形"领域的知识。本课是在学生已经掌握了长方形、正方形的特征以及它们的周长的基础上进行教学的，学生掌握好这部分内容，能为他们后续学习长方形、正方形的面积计算打下良好的基础，同时为整个数学几何知识的学习奠定基础。对物体表面大小的认识，学生在生活中有较为丰富的经验和体会，为了直观认识面积的含义，教材在安排上分三个层次引导学生逐步认识和体会：第一层次通过比较数学课本与语文课本、硬币、树叶三个实物面积大小的活动，让学生获得对面积的感性认识。第二层次让学生用不同方法比较一个正方形与一个长方形的面积，通过比较，使学生进一步理解面积的概念，又使学生体验比较面积大小策略的多样性，特别是感知用小正方形进行测量、比较的优点，更为后面学习面积单位做好了铺垫。第三个层次是通过在方格纸上画图的活动，进一步认识面积的含义，并体验一个数学事实，即面积相同的图形，可以有不同的形状。

【学情分析】

学生已经认识了平面图形，掌握了长方形、正方形等平面图形的特征，知道了图形的周长，并会计算长方形、正方形的周长，已经具备了初步观察、评估、验证的能力，具有摸一摸、比一比等动手操作能力。

【教学目标】

（1）通过找面、摸面、摆面、比面等多样化的数学活动，由浅入深地从"面在哪儿，面有多大"两个层次开展体验活动，认识面积的概念。

（2）经历"面在哪儿—面有多大—比面的大小"的认知过程，感受解决问题策略的多样化及"变与不变"的数学思想方法，进一步积累操作、交流、归纳、概括等数学活动经验。

（3）在多样化的数学活动中进一步激发学生勤于动手、乐于探究学习数学的热情与信心。

【教学资源的开发和利用】

基于以上对教材和学生的分析，我认为本节课主要帮助学生初步建立面积的概念，而学生形成面积概念的过程需要经历"操作感知—形成表象—概念建构"的过程，所以我通过多层次的体验和反思活动，来逐步丰富和建构面积的本质意义。本课教学，我主张淡化形式，注重实质，不在面积概念上纠缠，创造性地使用教材，围绕"操作—体验—比较"三大环节的教学活动流程，引领学生不断地触摸概念的本质。

第一环节——操作：面积概念的感悟。

第二环节——体验：面积内涵的认识。

第三环节——比较：面积大小的辨析。

【教学重点】

认识面积的含义，并学会用不同的方法体验面积的大小。

【教学难点】

面积含义的建构。

【教具与学具准备】

课件、方格纸、圆片、方片、剪刀等。

【教学过程】

（一）创设情境，引入新知

1. 观察与感知

（1）谈话导入：刘老师新买了一部手机，想挑一张保护膜贴在它的上面，商店里有这么多的保护膜。

课件出示几种不同形状大小的保护膜（图2-54）。

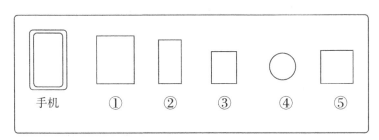

图2-54

（2）提问：这些保护膜哪张最合适？为什么？（选②号保护膜。因为它与老师的手机面形状一样，大小也合适。）

（3）其实在我们的日常生活中，也存在着这样大大小小、形状不同的面，请同学们从自己准备的物体中找到一个面，并摸摸它。

2. 操作与体验（图2-55）

（1）学生操作：找面、摸面。

（2）教师随机选几个拓画在黑板上，并标上序号。（找到正方形的面标上①，圆形的面标上②，长方形的面标上③。）

（3）找其他的面：刚才我们从这个长方体身上找到一个长方形的面，你还能从它身上找到其他的面吗？（找到2个正方形的面，4个长方形的面，一共可以找到6个面。）

（4）学生汇报的同时，直接展开贴到黑板上，标上④。

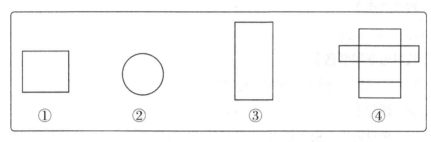

图2-55

3. 概括与归纳

（1）提问：刚才，我们是从哪些物体上找到这些面的？（从正方体、瓶盖、长方体上找到的。）

（2）概括：对，也就是从各种物体表面上找到的。（板书：物体表面）我们再把这些面画到黑板上，就变成了一个个图形。这些图形在数学上也有自己的名称，叫封闭图形。（板书：封闭图形）

（3）比面：黑板上这几个面，你能从中挑出两个，说说它们的大小关系吗？

（4）归纳：看来面是有大有小的，像这样物体表面的大小，或者封闭图形的大小，都叫作它们的面积。（板书：面积——物体表面或封闭图形的大小）

（5）联系生活拓展。举例说说生活、学习中还见过哪些物体表面、封闭的平面图形的面积。

设计意图：思维是从动作开始的。学生经历了"找面—面在哪儿""摸面—面在这儿""比面—面有大小""说面—建立表象"的四次认识过程，从动作感知物体表面及封闭图形的大小，感悟到面有大小，以此水到渠成地揭示面积的意义。

（二）操作体验，感悟新知

1. 第一次体验面的大小

（1）估测：同学们，黑板上的这四个面谁的面积最大？④号图形的面积最大。我们来目测一下，④号的面积相当于老师几个手掌面大？（可能是2个，也可能是3个，还有可能是两个半手掌面大。）

（2）提问：以什么为标准？

2. 第二次体验面的大小

（1）提问：如果想知道数学书封面的面积，你会用什么面做标准去量？我们也来找一个面做标准，通过摆一摆、数一数，估测一下数学书封面的面积有多大。

（2）学生摆面、说面。（自己先操作感知再同桌交流。）

（3）学生汇报。

（4）提问：刚才汇报的同学在估测数学书封面的面积时都是怎么做的？（找一个面作为标准去摆一摆、数一数。）

（5）思考：同样估测数学书封面的面积，为什么测量出来的结果不一样呢？（因为他们用来测量的物体形状不一样，所以数量也不一样。选择的面大，量出来的数量就少；选择的面小，量出来的数量就多。）

3. 第三次体验面的大小

（1）思考交流。

① 如果用桌子上现有的面去估测桌面的面积，你会选择哪个面为标准？为什么？

② 如果是测量这个小本子封面的面积呢？你会选择哪个，为什么？

（2）小结：看来，我们在测量一个面的大小时，要懂得根据实际需要选择合适的标准。

设计意图：学生经历三次体验面的大小的过程，认知水平从"面"的外部特征层面向"面有多大"的内部特征层面不断深化，实现从感性认识到理性认识的数学思考的转变。同时，测量标准的渗透，让学生由表及里、由局部到全部、由感性到理性地认识了面积。

（三）对比理解，深化新知

在操作体验中比较"①号图形和②号图形谁的面积大"，培养度量意识。

（1）观察①②这两个图形，很难通过观察直接比较出它们的大小了，有没有办法比较出它们的面积的大小？老师给你们提供了一个学具袋，里面有这两个图形，还有一些工具，也许看到这些工具，你就会有新的想法了（图2-56）。

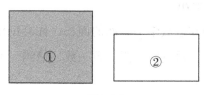

图2-56

（2）学生活动，教师巡视，随机拍照，展示交流情况。

（3）组织学生汇报。

（4）小结：物体表面的面积和封闭图形的面积都是有大小的，我们可以用不同的方法来比较它们的大小，如观察、重叠、数格子、摆一摆、画一画等。

（5）及时巩固。（出示学习单）请你在方格纸上画出面积相等的图形（图2-57）。

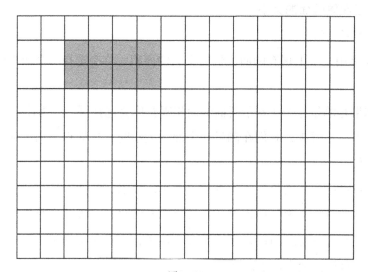

图2-57

设计意图：巧设问题情境，通过面积大小的比较、画面积相等的图形等实际问题，引发学生思考，唤起学生的多种经验参与问题的解决，提供平台给学生呈现精彩的方法，让学生充分体验解决问题策略的多样化。

（四）课堂回顾，总结新知

师：这节课，你学到了哪些新的知识？你觉得哪个活动最有意思？为什么？

设计意图：最后的课堂总结从知识掌握、技能形成、活动体验层面进行反思与回顾，让学生对"面积"这一新知的建构进一步加深。

【板书设计】

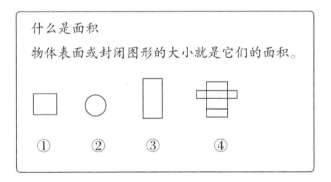

【课后作业】

（1）摸一摸身边数学书的封面、铅笔盒盖的面、橡皮的正面，比一比哪一个面的面积最大，哪一个面的面积最小。

（2）数下面两个图形中的小方格，说出哪个面积最大、哪个面积最小（图2-58）。

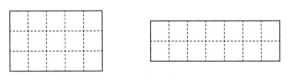

图2-58

（3）下面每组图形中哪个图形面积大？在面积大的图形下面画"△"，它们各占几格？（图2-59）

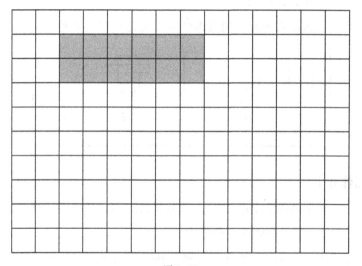

图2-59

（4）先数一数下面图形的面积等于几个小方格，再在方格内画一个与它面积一样大的图形（图2-60）。

图2-60

【教后反思】

本节课我通过找面、摸面、摆面、比面等多样化的数学活动，由浅入深地从"面在哪儿，面有多大"两个层次开展体验活动，让学生认识面积的概念，不断地触摸概念本质，经历"面在哪儿—面有多大—比面的大小"的认知过程，感受解决问题策略的多样化及"变与不变"的数学思想方法，积累操作、交流、归纳、概括等数学活动经验，如期实现了教学目标，有效地突破了教学的难点。

（1）在操作中引领学生感悟面积的概念。

我以丰富的活动体验发展学生的空间观念，在教学中给学生创造了很多机会去感知"面"，如找面、摸面、摆面、比面等操作活动，让学生通过动作去体会面在体上，感受面有平面、有曲面，面的数量有一个、有多个，同时从动作初步感知"物体表面"及"图形的大小"的内涵。

（2）在体验中启发学生认识面积内涵。

在体验面的大小时，我设计了三次体验，让学生由表及里、由局部到全部、由感性到理性地认识了面积。第一次观察体验，给学生提供了媒介——手掌，让学生知道怎样借助参照物来形容面的大小。第二次操作体验，让学生选择不同参照物体验数学书封面有多大。第三次选择体验，让学生估测桌面与小本子封面的面积，会选择标准。在这三次体验"面的大小"的环节中，学生认知水平从"面"的外部特征向"面有多大"的内部特征，即"一个面相当于几个什么面的大小"不断深化，实现从感性认识到理性认识的数学思考的转变。

（3）在比较中推动学生辨析面积的大小。

在比较图形面积大小时，我设计了一个"不平衡"的情境，即比较一个长方形与一个正方形的面积。这时学生已无法凭目测或重叠直接比出大小，只能借助工具才能比较出面积的大小。我再次给学生留足了时空。在这个活动中学生积极参与探索，最后呈现出来的方法也非常精彩：①摆满小方格后数；②沿着边长摆方格再用乘法计算；③重叠后比剩余部分；④剪拼。在比较中学生对面积的大小有了更深刻的体验，懂得借助更为精细准确的工具去测量面积、比较大小，也为以后其他面积知识的学习积累了更多经验。

课堂教学总是有遗憾的，反思自己的这节课，我觉得在把握学生数学学习心理的能力方面还有欠缺，回应学生即时生成的课堂提问时针对性有待加强。

教无止境！我将以问题为新的课题，引领自己踏上更精彩、更有价值的教育征程。

（此成果获2018广东省教学设计评比一等奖。）

以信息技术为载体，提升数学核心素养

—— "线段 直线 射线"教学实践

【教学内容】

北师大版教材四年级上册第16～17页"线段 直线 射线"及练一练的内容（图2-61）。

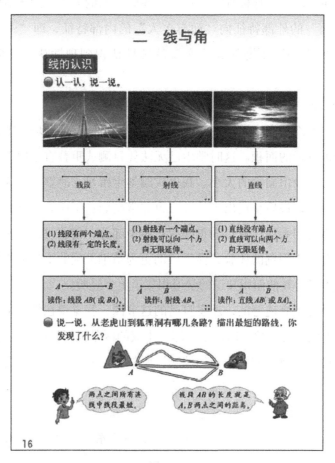

图2-61

【教材分析】

本节课需要在学生已有知识和经验的基础上，使学生的感性认识上升到理性认识的高度，认识线段、射线和直线的本质特征。因此，在授课时要注重加强直观教学，在充分利用学生已有知识和经验的基础上，结合现代教育技术丰富的表现力，通过多媒体课件展示图形表象的形成，从而帮助学生理解概念，激发学生的学习兴趣，再借助直观和实际的例子加以说明，采用观察想象、抽象概括等方法帮助学生深入理解三种线的特征、区别及联系。

【学情分析】

本课内容包括线段、射线和直线的认识。这三种线虽是教材中"图形与几何"领域中最基本的概念、最简单的几何图形，但对学生而言，这三种线既是比较抽象的图形，又是容易混淆的知识。学生在"长度单位"学习中已经初步感知了线段的可测性，但当时只是感性的初步认识。

【教学设想】

概念是数学教学的基本要素，对于数学概念的教学不应停留于外部的可见行为，而应深入研究学生内在的思维活动。线段、射线和直线是"图形与几何"知识中最基本的概念，课程标准要求在教授这一部分内容时注重使学生通过观察、操作、推理等手段，逐步认识这三种线的知识，发展学生的空间观念。因此，本节课重视学生构建概念的过程，我们借助多元表征使概念变得更加具体生动，让学生从具体事物的感知出发，参与看一看、想一想、画一画、说一说等活动，通过推理、辨析获得清晰、深刻的表象，然后再逐步抽象出几何图形的特征，把知识内容与形式统一起来，形成空间概念。

【教学目标】

（1）结合实例使学生进一步认识线段、射线与直线，了解线段、射线和直线的联系与区别。

（2）在比较、分析、综合、观察与思维中渗透无限等思想方法，发展学生的空间观念及空间想象能力。

（3）通过画一画、想一想、说一说等数学活动，培养学生的观察想象能力、动手操作能力和归纳提炼能力。

（4）使学生运用所学知识解释或描述生活中的一些现象，激发学生对数学的兴趣，培养学生的应用意识。

【教学重点】

了解线段、射线和直线的特征及表示方法。

【教学难点】

体会射线、直线的无限延伸，归纳线段、直线和射线三者之间的联系与区别。

【教学过程】

（一）创设情境，再识线段

1. 生活导入，感知线段

师：刘老师去学校有三条路可以走。大家给刘老师出出主意，刘老师该走哪条路呢？为什么？

师：线段有什么特点？

学生回答，教师适时板书要点：两个端点，可以度量长度。

师：那端点的"端"是什么意思呢？我们请教一下《辞海》。《辞海》里有三种解释：①端正，不歪斜；②东西的一头；③用手很平正地拿着。到底是哪种解释呢？

2. 回归数学，提炼特征

（1）寻找线段的身影。

师：在生活中，你们能找得到线段吗？

学生举例，如黑板边、书本边等。屏幕出示课本主题图片，请学生指出各条线段的端点。

师：像这样，一根拉紧的线、绷紧的弦，都可以看作线段（图2-62）。

图2-62

（2）介绍表示方法。

师：为了表述方便，可以用字母来表示线段的两个端点，如线段*AB*或线段*BA*。

变式练习：用大写字母*C*、*D*表示线段，让学生描述线段*CD*或线段*DC*。

思考：线段*AB*与线段*CD*有什么不同？

师：刚才我们从名称、图形、端点、延伸和度量等方面进一步认识了线段。在数学上，直直的线除了线段之外，还有什么呢？这节课我们就一起来探究。

设计意图：从学生熟悉的生活情境出发，把"帮老师选路线"的生活问题转化为课堂教学中的数学问题，让学生在类比观察中感知线段，并通过回忆、举例，让学生明白线段的特征（直直的、有2个端点、有限长、可以度量），而且引导学生查字典，辨别线段端点的含义，让概念认识准确到位，同时指导学生学会线段的表示方法，为进一步认识射线、直线做好准备。

（二）自主探究，认识射线与直线

1.认识射线

（1）感知射线的特征。

师：老师这里有支激光笔，变，你看到了什么？（学生观察激光笔射向天花板的光线。）

师：大家想象一下，如果这条直直的光线射向窗外，在没有任何障碍物阻挡的情况下，可能穿过哪里？（课件动态演示）这条直线可能会穿过校园、城市、草原、大海等地方。

师：激光笔射出的光线我们可以看作射线。

师：看到这条射线，你感受最深的是什么？

学情预设：这条线很长很长，有无限长。

（2）揭示射线的定义。

师：什么是射线？

课件出示：把线段向一端无限延伸，就得到一条射线。

师：你认为这句话中哪个词应重点强调？

师：怎样表示把线段向一端无限延伸呢？请大家想一想，然后根据你的理解画一条射线。

展示学生的作品是怎样表示出线段向一端无限延伸的，互相点评作品。教师板演射线画法，并介绍射线表示方法（图2-63）。

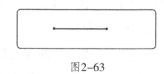

图2-63

师：射线可以用端点和射线上的另一点来表示，如射线AB。

（3）体验生活中的射线现象。

师：在生活中，哪些光线可以近似看作射线呢？（学生举例后教师可用多媒体课件适时补充一些生活中的实例。）

师：像手电筒或探照灯等射出的光线，都可以看作射线。

设计意图：充分利用学生的生活经验，用学生熟悉且感兴趣的激光笔射出光线实验，以直观形象为支撑，激发学生想象，再通过课件动态演示，给予学生"无限延伸"的感觉，并通过画一画、想一想、说一说等数学活动，让学生在多维度感知中明晰射线特征，并回到生活中寻找具有相关特点的生活事物进行联系，加深对射线特征的印象。

2. 认识直线

（1）合作学习。

自学课本第16页有关直线的内容，小组讨论直线有哪些特征并完善图2-64。

名称	图形	端点	度量	延伸
线段AB	A B	2个	可以	有限长
射线AB	A B	1个	无可以	无限长

图2-64

（2）汇报、释疑、归纳。

各个小组交流自学情况。

师：听了这个小组的汇报，大家还有什么补充或疑问吗？

师：直线没有端点，可以向两端无限延伸，因此无法度量。

设计意图：认识直线，延续了前面的学习方式，以学生的已有经验——线段与射线的认识为教学的生长点，让学生带着问题自学、交流、质疑，并有针对性地培养学生的自学能力、观察能力、语言表达能力和判断能力，让学生明晰直线的特征及表示方法。

（三）运用概念，巩固拓展

（1）下面的图形，哪些是直线？哪些是射线？哪些是线段？（图2-65）

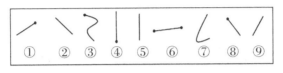

图2-65

师：线段、直线和射线有什么联系与区别呢？

（2）游戏：你比我来猜。

（3）练一练。

①经过一点 O，能画直线吗？能画几条？

②经过两点 A、B，能不能画直线？能画几条？

（四）畅谈收获，情感升华

通过这节课的学习，我印象最深的是……

【课后作业】

课本第17页练一练的2、3、4、5、6题。

【板书设计】

线段　　直线　　射线

名称	图形	端点	度量	延伸
线段AB	A B	2个	可以	有限长
射线AB	A B	1个	不可以	无限长
直线AB（C）	A B	0个	不可以	无限长

【教后反思】

线段、射线、直线是最简单、最基本的几何图形，是今后研究复杂图形的基础。学生第一次同时接触线段、射线和直线，把感性的认识上升到理性的高度，并且构建"无限"的空间观念，这对小学生而言是有一定困难的。为了化难为易，便于学生理解、掌握，在教学过程中我注重直观教学，让学生通过画一画、想一想、说一说等一系列数学活动，从多个表征、不同角度去认识三种线的特征，经过反复比较，总结提炼出三种线的联系与区别，让他们经历由感性到理性、由具体到抽象的思维过程。在三种图形的学习中学生感受到了类比的数学思想。本课着重从以下几个环节教授新知。

（一）从生活中引入

数学源于生活，又高于生活。在线段的教学中，我借助生活情境，把"帮老师选路线"的生活问题转化为课堂教学中的数学问题，在类比观察中让学生明白线段的特征；在射线的教学中，我借用实验辅助教学，让学生观察熟悉且感兴趣的激光笔射出的光线，激发学生的想象力，让学生初步感受"无限"的特性。同时，让学生在尝试画射线的活动中理解和体会"无限延伸"的含义，从而感受并理解射线的特征。

（二）在自学中获取

在直线的教学中，我放手让学生自主探究。在学生学习了线段、射线的知识后积累了一定的学习活动经验的基础上，让学生带着问题自学、交流、质疑，并有针对性地培养学生的自学能力、观察能力、语言表达能力和判断能力等核心素养，让学生明白直线的特征及表示方法。

（三）在比较中明晰

线段、射线和直线的联系与区别是本节课的重点内容，学生在认识了线段的基础上，又认识了射线和直线，并通过交流线段、直线和射线的联系与区别，加深了对这三种图形的理解，从而掌握它们的特征。在认知三种图形的过程中，师生共同完善板书和概念，有助于学生在进行图形比较时的归纳与提炼，使学生在认识中感悟图形的特点，在辨析中理解图形的特征。

（四）在游戏中提炼

游戏教学不仅能激发学生学习的积极主动性，而且能提升学生的学习兴趣。在"你比我猜"游戏中，学生用手势语言表示线段、射线、直线的特征，加深对线段、射线、直线特征的认识，同时，这些线段、射线和直线隐藏在角、平行线和长方形等平面图形中，为后续学习奠定基础；在"过点画直线"活动中，学生通过画一画，感知"经过一点可以画无数条直线""过两点只能画一条直线"，这样亲身总结出来的数学知识是学生终生难忘的。

不难看出，在整个教学活动中，借助情境教学，通过看一看、想一想、画一画，学生完成了从情境表征到实物操作、符号表征的转换。接着学生自主学习，实现了实物操作表征到语言表征的转换。然后，通过观察对比，学生从语言表征转换到图像表征。而在游戏过程中，学生则完成了符号表征、语言表征、图像表征以及情境表征之间的转换。

总之，在这本节课里，我关注多元表征之间的转换，帮助学生建立线段、射线和直线概念本质的内在表征，从而培养学生的抽象能力、推理能力、模型思想等数学核心素养，为学生的终身学习打下坚实的基础。

渗透方程思想，培养建模意识

——"方程"教学实践

【教学内容】

北师大版教材四年级下册第66～67页内容（图2-66）。

图2-66

【教学目标】

（1）结合具体情境了解方程的意义，会用方程表示简单情境中的等量关系。

（2）经历将现实问题抽象成等式与方程的过程，积累将等量关系符号化的活动经验。

（3）在丰富的问题情境中感受生活中存在大量的等量关系，体验数学与生活的密切联系。

【教材分析】

"方程"是北师大版小学数学教材四年级下册第七单元"认识方程"中的第二部分内容，是学生学习代数初步知识的开始。教材运用丰富的问题情境，引导学生用语言描述具体情境中的等量关系，并用含有未知数的等式表示，在此基础上引导学生找出这些含有未知数的等式的共同特征，了解方程的含义。

"方程"是在学生学会用字母表示数的基础上进行教学的。本课的教学要使学生了解方程的含义，会用方程表示简单的数量关系。本课在学生日后学习等式的性质、解方程及运用方程解决简单的实际问题的过程中起着承上启下的作用，是学生学习用方程解决问题的起始课，在本单元中具有重要地位。

【学情分析】

小学生数学概念的形成必须经历一个数学化的过程，而四年级学生已经被算术思维影响了四年，在很长的时间里，对于学生而言"="更像是从一个从左到右的单向箭头，因为算式是先知道数据和运算符号，通过运算得出结果的，也就是"程序性"的思考方式，而方程需要的是"结构性"的思考方式，由"程序性"到"结构性"的思考方式的转变是学生认知的一个难点。在学生原有认知中，未知数是从来不会出现在算式中的，从算术思维过渡到代数思维对每个学生来说是一次挑战。所以要让学生真正接受"未知数拥有和已知数同等地位"的观念，就要创设有效情境，让学生经历具体—抽象—应用的认知过程，从而去感受和感悟方程的意义。

【教学设想】

（1）准确理解和把握教学内容，根据学生认知基础设计教学——方程是什么。

小学数学教科书中，方程的定义大多为"含有未知数的等式叫作方程"。让学生理解这句话并不是件难事。按以前的教学经验，学生通过对不等式和等式的对比，对不含未知数和含未知数的等式对比，能顺利辨别方程。但能辨认方程就是理解方程了吗？未知数等价于字母吗？"樱桃质量+20=50""20+□=100"就不是方程吗？式子中的文字、符号都是学生在接受用字母表示数之前很重要的认知环节，但是，学生为什么在学习方程时只认定字母呢？偏重于字母就说明学生的认知已经达到更高的抽象层面了吗？从学生不接受等式中的文字和图形符号可以推断学生对用字母表示数的理解还比较片面，没有达到较深刻地理解代数思想的地步。为使学生更好地接受方程，我设计了一些环节，引导学生在寻找等量关系、表达等量关系时，再次经历用文字、图形符号以及用字母来表示等式的过程，希望学生对字母的感受更丰富，对方程的认识更全面。

（2）新课标中明确提出学生的数学学习也应包括对基本思想的获得——方程思想是什么。

通过查看资料和个人思考，我把方程思想理解为：为寻求未知量和已知量之间的联系，把未知量先等同于已知量，进行相关运算，并形成等量关系，进而解答出未知量。这节课在方程思想这方面有两个问题需要关注：一是如何使学生学会寻找等量关系，二是学生在寻找等量关系时怎样才能把未知量等同于已知量。这两个问题似乎都与学生长期的算术思想有关，算术思想使得学生很容易走向求未知数。在这种情况下，如果教师创设的情境以求未知量的问题结束，恐怕学生很难摆脱求解的欲望。但如果在刚接触方程时，只是表述事件，学生求解未知量的意识就会淡薄些，为理解未知量等同于已知量参与运算提供有利条件。

（3）学生的学习应当是一个生动活泼、主动和富有个性的过程。

天平到底和方程有什么关系？为什么多种版本的教材都用天平作为认识方程的引入素材呢？因为天平更容易让人从直观上认识到左右两边的重量关系，更有利于直接表达左右相等的关系。生活中的各种情境都隐含等量关系，但长期的算术思想深深影响着学生的思维方式。如何淡化学生对未知量的过度关注呢？有形的天平能让学生感受到"="可以表示左右相等的关系，所以教师应该充分利用天平的效应。当学生意识到天平如何表达相等关系后，教师可在其他情境中引导学生联系情境构造隐形的天平。当学生有意地在各种情境中构造天平时，学生受算术方法的影响也将随之减少。

（4）怎样帮学生建立方程这个数学模型。

从事件中寻找等量关系、列出方程，是一种建立数学模型的过程。数学源自生活，又回归生活。这就告诉我们，建立数学模型应该是提取加还原的过程。因此，我搜集、提供较为丰富的生活事件，引导学生不断地经历提取等量关系、列方程的过程，然后让学生面对方程，赋予它更多现实含义。当学生能够在模型与生活间建立联系时，他们才真正接受了这个模型。

理解"方程的意义"是学生从算术思想向代数思想的过渡，对学生而言是个较为困难的过程。在不强求学生过快接受的前提下，教学应尽可能接近学生的"最近发展区"，提升他们对方程的理解。

【教学重点】

认识方程，会用方程表示简单情境中的等量关系。

【教学难点】

在用多种方法表示数量关系的活动中感受代数思想。

【教具与学具准备】

PPT课件、微信平台、学习单。

【教学资源开发与利用】

大数据时代，教育教学信息化正在快速发展。辅助学习的各种APP层出不穷，这给学生的个性化学习创造了条件。我尝试利用手机微信平台构建网络与课堂的联动模式来拓宽、拓展学习空间，组建网络合作学习小组，建立学生互评机制，使网络成为学生的第二课堂。本节课，我利用微信平台着力于课前的分享和课后的反馈、评价、指导。

【教学过程】

（一）引出问题，任务驱动

（1）看到课题"方程"，你想知道方程的哪些知识？

（2）介绍方程在以后学习中的意义。

师：方程是什么？学了方程有什么作用？大家真会提问题！看来大家对方程有一定的了解，同时充满了期待！那就开始我们的探究之行吧！

（与信息技术的结合点）课前通过微信平台发布任务：

（1）上网查一查方程的相关知识，把你查找到的相关资料进行整理，在平台里面和同学分享。

（2）你能看懂下图（图2-67）的意思吗？把你的方式拍成图片上传共享。

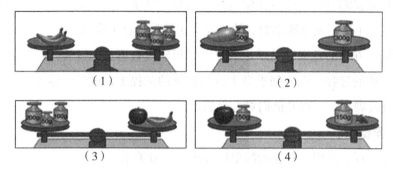

图2-67

形成任务组，让学生以小视频、图片、文本等多媒体文件回复任务。任务在班级内可见，学生可以对任务完成情况进行互相评价、打分。教师借助系统可对学生积分进行排序，进而掌握全班学生的学习状况。

设计意图：学生自主发问是教学最好的起点，问题的引领、驱动有利于调动学生参与学习和探索的积极性。另外，学生通过上网查找资料，对方程有了一些了解，教师通过微信系统可以对学情资源进行分类，同时为制定有针对性的教案奠定了基础。

（二）创设情境，理解方程

活动一：借助天平，感悟等式

出示课件（图2-68）。

图2-68

（1）你看懂了什么？

（2）这时天平是怎样的？能否用一个式子来表示平衡的状况？（板书：20+30=50）

（3）提问：20+30指什么？（天平左边托盘的重量）50指什么？（天平右

边托盘的重量）"="又表示什么？（两边重量相等）

（4）从左边拿走一个30克的。师：这种左右不相等的情况可以怎么表示？（20<50）

（5）在天平左边加放一个核桃。师：如果左边再放上一个橘子，此时天平可能会怎样？（左边下沉，核桃+20>50；右边仍然低于左边，核桃+20<50；天平平衡，核桃+20=50）

（6）小结：刚刚在天平活动中发现，当左右两边不相等时，我们可以用"<"或">"来连接，它们称为"不等式"；而当天平平衡时，表示两边重量相等，就用"="连接，这时得到的这个式子，如20+30=50、核桃+20=50，就叫等式。

（7）你还能说出一些等式吗？（写2个等式在副板书上）

设计意图：借助天平图这一直观载体，让学生在具体的情境中感受和感悟等式和不等式，关注等号的作用，使学生体会等号不但可以表示计算的结果，还可以表示相等的关系，同时也为下面理解方程的意义提供丰富的学习素材。

活动二：借助天平，找出显性等量关系

出示课件（图2-69）。

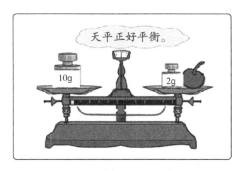

图2-69

（1）找一找：请你找出这幅图中的等量关系。

（2）写一写：把你找到的等量关系用喜欢的方式写下来，完成学习单（一）（图2-70）。

图2-70

（3）说一说：学生汇报。（追问学生的思考过程）

副板书写：10克=2克+樱桃的质量。

（4）议一议：如果用未知数x来表示樱桃的质量，那么，可以列出一个什么样的等式呢？（2+x=10）

① x表示什么？（内涵：不知道的数量就是一个未知数）

② 这个未知数除了用x表示，还可以用什么表示？（外延）

师：可以用字母y、z等表示，除了用字母表示还可以用方框、图形、文字表示。（副板书：10=2+y，10=2+□，只要在"10克=2克+樱桃的质量"中"樱桃的质量"下写□、y即可）

设计意图：把原来用文字描述的等式表达等量关系，转换成用含有字母的等式表达等量关系，渗透抽象的数学思想，鼓励学生用不同的字母去表示未知数，能让学生对字母的感受更丰富，对方程的认识更全面，也为学生进一步熟悉方程奠定基础。

活动三：没有天平，寻找隐性等量关系

过渡：现在这里没有天平，也没有平衡，你心中还有天平吗？你们是怎么发现它们的等量关系的？（预设：找关键词，如一共是、刚好）出示课件（图2-71）。

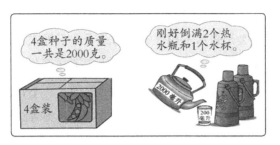

图2-71

（1）同桌合作交流，完成学习单（二）（图2-72）。

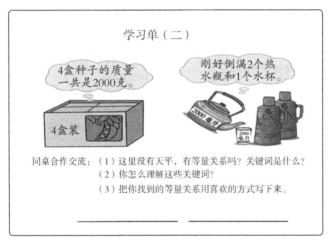

图2-72

（2）学生汇报，教师适时板书。

设计意图： 抽去天平，放手让学生在隐形的天平中找出等量关系，进一步建立方程模型，也让学生在合作交流中经历将具体情境抽象成用数学符号表示关系的过程，积累将实际问题转化为数学问题的数学经验，同时也帮助学生积累思维经验，渗透方程思想。

活动四：理解意义，举一反三

（1）刚才我们通过实物天平和心中的天平得出了很多式子，如果要对这些式子进行分类，该如何进行？

（20+30=50；20<50；核桃+20>50；核桃+20<50；核桃+20=50；$x+2=10$；$4y=2000$；$2z+200=2000$）

教师引导：

分两大类：一大类是表示不相等关系的式子（不等式），一大类是表示相等关系的式子（等式）。其中表示相等关系的式子又可分成两类：一类是只含有数字的等式，一类是含有文字、字母、方框的等式。不管是文字、方框还是字母，只要表示未知数我们就把它们分为一类。这一类等式与原来我们见到的等式不一样，它就是——方程。

［课件顺势出现集合图（图2-73）。］

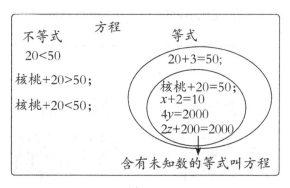

图2-73

（2）小结：这样含有未知数的等式叫方程（板书）。它可以是相加的等式，也可以是相乘的等式；可以是一步计算的等式，也可以是两步计算的等式。

（3）自己读一读，你认为关键词是什么？追问：未知数可以用什么表示？

（4）请你写一个方程，同桌再交换检查。

（5）辨析：判断下面式子，哪些是方程，哪些不是？为什么？

① $a+9$　　　　　② $10+6=16$　　　　　③ $20+\square=100$

④ $2y=40$　　　　　⑤ $m+12>30$　　　　　⑥ $80-z=20 \times 2$

（6）让方程回归生活，出示④ $2y=40$，你们能根据这个方程讲一个数学故事吗？这样的故事多不多？到哪里去找？（生活）

设计意图：通过分类、梳理不等式、等式、方程三者之间的关系，找关键词，辨析方程，讲数学故事等活动，让学生深刻理解、巩固方程的意义，建构方程模型，同时渗透分类、集合的数学思想。

（三）联系生活，运用方程

（1）同学们，方程的用处可大了，看，这里有关于衣食住行的问题，请你找出等量关系后再列出方程。

衣：有100米布，做上衣用去a米，做裙子用去了b米，还剩余15米。

食：同学们都喜欢吃麦当劳，麦当劳里有这样的问题，即2袋薯条和一个汉堡（7元）一共15元。

住：同学们参加夏令营，x人住一个帐篷，5个帐篷里住着95人。

行：一辆公共汽车到站时，车上原有x人，有5人下车，8人上车，车上还剩15人。

（2）学生汇报。

（3）小结：方程可以解决衣食住行方面的很多问题，在我们的生活中有着广泛的运用。

（与信息技术的结合点）课堂上个别学生用代数思想解题，由于时间和空间受限，教者只能稍加提醒，未能深入指导，学生还是似懂非懂。课后借助微信平台，把学生的错误发布在平台上，网络的自主性、交互性、开放性、资源共享性等特点可以弥补课堂教学的不足，为支撑学生自主学习与创造提供了可能，使课外网络学习和课堂教学形成共存与互补关系。借助网络平台，教师通过任务驱动在获得全学情的同时突破了课堂时间和空间的限制，获得了课堂全样本资源，为每个学生提供了公平展示、交流的机会，也为创建个性化学习环境奠定了基础。

设计意图：从事件中寻找等量关系、列出方程是一种建立数学模型的过程。数学源自生活，又回归生活，这就告诉我们，建立数学模型应该是提取加还原的过程。因此，我搜集、提供较为丰富的衣食住行等方面的生活事件，引导学生不断地经历提取等量关系、列方程过程，然后让学生赋予方程更多现实含义。

（四）三问三思，分享体会

（1）对自己说：你有什么收获？

（2）对同学说：你有什么温馨提示？

（3）对老师说：你有什么困惑？

（与信息技术的结合点）教师在课堂上对每个学生的学习过程进行及时评价是不可能的，也是不现实的。这一环节，在课堂上的反馈是不全面的，所以我利用网络多元评价组，抓住教学中这个新的效能增长点，充分发动评价的主体互动，使评价的内容多元，评价的形式多样，评价的过程动态，既有来自教师典范性的接受性评价又有学生主动参与的自我评价，特别是学生间的互评、组间的互评充分体现了学生参与的广度与深度。学生的自评与互评质量也能反映出学生掌握知识的程度，这种评价本身又成为教师可利用的资源。

设计意图：引导学生总结反思，梳理知识点，培养学生的评价与反思意识。

（五）梳理归纳，积累经验

提出问题—意义建构—知识运用—反思提升（图2-74）。

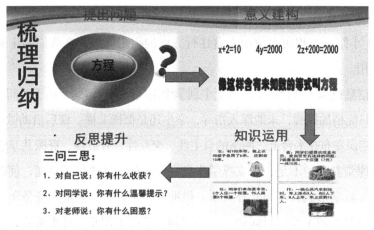

图2-74

设计意图：帮助学生完善认知结构，形成知识网络。

（六）媒体介入，播放"方程史"

（略）

设计意图：通过微课的播放，让学生对数学上的方程史有比较全面的了解，激发学生尊敬伟人和热爱数学的情感。

（七）作业布置，课外延伸

编写一道与方程知识有关的题目并解决。（学生把自己的作业拍成图片或视频上传至平台。）

（与信息技术的结合点）课后，教师利用数字化平台依据每个学生课前预习情况和课堂学习数据采集及分析情况，有针对性地发布个性化的作业任务，并智能推送个性化复习资料。学生根据自己的时间完成作业并提交后，数字化平台会即时自动批改和反馈。学生根据自己作业的反馈情况，通过平台及时发布自己的感受与困惑，进行讨论交流，便于"教"与"学"的总结反思。部分学生的任务回馈资源已经具备了微课的特点，因此打破了微课仅来自教师端的限制，拓展了学生的学习资源。

设计意图：开放性的题目培养学生的创新意识，同时把数学与生活结合起来，让学生感受到数学就在身边，是有趣的、有用的，从而激发学生的学习兴趣。

【板书设计】

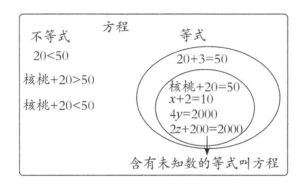

【教学效果反思】

（一）教学预设，把准概念的生成点

动手实践、自主探索是课程改革提出的重要观念，它强调学生学习数学是一个操作实验、不断发现的过程。在备课时设计让学生动手操作天平来激发学生的学习兴趣，但通过课前调查了解学生缺乏天平的操作经验，因此在教学中，我将操作天平改为让学生观察直观的天平图，以留出更多时间让学生经历用数学语言概括，进而用符号和字母抽象出表示等量关系式子的过程，体验通过数学建模是能使问题得到解决的重要策略和思想。

（二）概念教学体现数学化

从数学基础知识的角度来看，"方程的意义"是一个已经形式化、固定下来的重要数学概念，但是从学生数学学习的过程来看，数学课不仅要帮助学生学习数学的这些重要结果，还要在形成方程意义的过程中引导学生经历意义建构的过程。此过程可通过一系列观察、抽象、分类、概括等数学活动，对学生原有的经验进行进一步梳理归纳并产生新知识。例如，结合情境引导学生观察、分类，结合正例和反例，不断地使学生的目光聚焦到方程的概念中的两个关键词——"等式"和"未知数"的理解上；让学生用算式表示观察到的现象，以培养学生的数学符号感；用集合图让学生感知等式与方程的关系，渗透数学集合思想。

（三）不足

学生练习的时间较紧，独立思考的时间不够，拓展引导得还不够到位；对于个别学生仍用算术思维解题没有给予很充分的引导。

（四）拓展了学生的学习资源

创建"学生网络研究共同体"，形成如下数字化教学模式及网络资源拓展路线图（图2-75）。

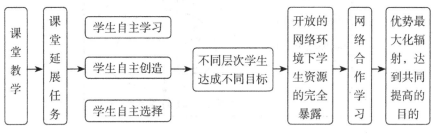

图2-75

【有待改进方面】

执教完这一课，我集中了数学科组的教师进行交流议课，大家一致认为：本节课的教学设计对教材的重难点把握到位，整个教学过程非常流畅，学生学得扎实。首先，在教学过程中，教师重视让学生在理解的基础上感知方程的意义，关注由具体实例到一般意义的抽象概括过程，发挥具体实例对于抽象概括的支撑作用，使学生经历具体—抽象—应用的认知过程。其次，在学生形成方程概念的关键阶段，教师体现了应有的主导作用，如关注对等量关系的个性化表达，引导学生对情境的原生态描述逐步走向概念的数学刻画；关注概念形成过程中的变式，提供了含有未知数的等式、不含有未知数的等式等仅具有方程概念部分本质属性的例子，在这些素材的有效辨析下，学生对方程意义的理解就更深入一步了。

建议可大胆创新模式，将方程意义的传授以在线学习的方式前移，课堂活动坚持以问题讨论、展现分享、合作探究、随堂测试、巩固提升、作业训练、总结反思为主，这样，教学过程是动态可变的。教师可更加关注学生学习过程与学习方法的优化，关注学生学习的情感体验，关注学生的态度倾向及价值认识。

运用统计思想　提高解决新问题的能力

——"整理和分析数据"教学实践

【**教学内容**】

北师大版教材三年级下册第80～81页"整理和分析数据"（图2-76）。

（a）

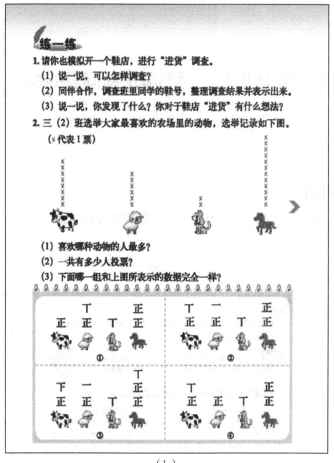

（b）

图2-76

【教材分析】

"整理和分析数据"是"统计与概率"这一领域的内容。学习统计的一个原因就是在现实生活中有许多问题应当先做调查研究，收集数据，通过分析做出判断，体会数据中蕴含的信息。

统计是在二年级下册开始学习的，二年级下册学习的重点是"调查与记录"，本册重点则是数据的整理和表示。本节课的教学主要是让学生经历整理和表示所收集的数据的过程，在解决问题的过程中帮助学生体会统计的重要性，体会数据的整理和表示对于培养数据分析观念的重要作用，为后续学习条形统计图、折线统计图等统计知识奠定牢固的基础。

【教学设想】

在核心素养的理念下，真正把"数据分析观念"作为数学核心素养，就要从纯粹的统计进入学生思维的核心。在教学中，我创造性地使用教材，收集在学校小记者采风活动中所调查到的数据，引导学生进行整理、分析，做出决策，丰富学生的数学活动经验，在学习过程中渗透分类、一一对应、统计等数学思想。

在教学中，我遵循"立足于学生，服务于学生"这一理念，创设学生身边的情境，解决学生身边的问题，从而培养学生的应用意识；我遵循"让不同的学生获得不同的发展"这一理念，鼓励学生用不同的方法整理所调查的数据；我遵循"学科间有机融合，促学生综合发展"这一理念，巧妙地把小记者采风系列活动中所发现的数学问题引进课堂，既有学科间的融合，又有思想的渗透，让学生在活动中学习，在快乐中学习。

（一）重视情境的创设，激发学生探究的欲望

在教学中，我创造性地使用教材，整节课围绕小记者采风这一主题，设计了整理景点的数据、整理食材的数据、整理活动的数据、整理课外书的数据等一系列活动，让学生兴趣浓厚，激发学生探究的欲望。

（二）巧妙设计教学环节，重视数学思想的渗透

在整理景点的数据这一环节，我根据三年级学生的思维特点，在探索整理数据的方法时，让学生回顾二年级时所学的简单记录方法，在此基础上重点引导学生认识画"点线图"这一整理数据的新方法，让学生在自主探究、合作交流中明白整理时可以用画"正"字、画符号、数数、列表、画点线图等多种方法，让学生明白有序思考的重要性，向学生渗透符号思想。

（三）多学科融合，让学生体会数学与生活的密切联系

本节课的教学素材取自学生的生活实际，激活了学生的知识基础与生活经验的联系。同时，学生在学习中充分体会了语文、自然、数学等多学科融合所带来的视听体验，在身临其境中获得数学知识，升华数学思想。

【教学目标】

知识与技能：探索借助画图方式整理数据和表示数据的方法，经历数据的整理、表示和分析的过程；根据图中所表示的数据特征，做出推断或决策，实现调查数据的初衷。

过程与方法：通过画图整理、分析、做出决策等一系列学习活动，积累数据分析经验，形成初步的数据分析观念、情感态度与价值观，感受数学与生活的密切联系，培养应用意识。

【教学重点】

用画图的方式对调查的数据进行整理和分析。

【教学难点】

运用不同的方法对数据进行整理，并准确做出决策。

【教具与学具准备】

多媒体课件、练习纸等。

【教学过程】

（一）情境激趣，初感新知

1. 创设情境，激发兴趣

孩子们，我们的家乡风景如画。都说美丽的风景能让人产生灵感，写下好文章。这不，刘老师所在的学校正要组织文学社的小记者们去一个景点进行一次采风活动。

2. 问题引领，揭示课题

（1）说一说，可以怎样调查？

提问：老师准备从这些景点中选出一个小记者们最喜欢的景点前去采风。老师怎样才能知道小记者们最喜欢哪个景点呢？（板书：调查数据）

（2）播放调查视频，出示调查结果，见表2-4。

表2-4

相思谷	石龙寨	曼陀山庄	石龙寨	红军纪念园
五指石	红军纪念园	曼陀山庄	南台山	红军纪念园
五指石	红军纪念园	南台山	石龙寨	南台山
红军纪念园	曼陀山庄	红军纪念园	曼陀山庄	红军纪念园
曼陀山庄	红军纪念园	相思谷	红军纪念园	曼陀山庄
南台山	红军纪念园	红军纪念园	五指石	红军纪念园

（3）观察表格，引出需要整理的数据。

师：请看大屏幕，你能一眼看出想要去各个景点的人数吗？怎样才能看得更加清楚呢？对，我们要对这些凌乱的数据进行整理。（板书：整理数据）

（4）揭示课题。

师：这节课，我们就来继续学习"整理和分析数据"。（板书课题）

设计意图：用学生身边真实的问题情境导入可以达到"课未始，兴已浓"的状态，让学生积极主动地进行思考，顺利地使每个学生的思维融入课堂。

（二）操作体验，逐探新知

（1）探讨简单的记录方法。

① 谈话回顾：二年级时我们就学过了用简单的方法来记录数据，你们还记得吗？

② 出示妙想的新方法：点线图。

师：我们的好朋友妙想用一种新的方法进行整理，请看大屏幕……（出示幻灯片点线图）这样整理，你看懂了吗？你能接着画下去吗？

（2）自主探索。（尝试用多种方法整理、表示数据）

出示活动要求：

① 自主探索：用妙想的方法，你能继续画下去吗？你还有其他方法吗？

② 小组交流：你是怎么整理的？你从统计结果中知道了什数学信息？你能做出什么决策？

（3）小组交流，让学生在小组内说说自己是如何整理的。

（4）全班汇报，让学生汇报整理方法，并分析数据，做出推断或决策。

引导学生分析数据：通过刚才的讨论，你从这个统计图中知道了什么数学信息？

师：刚才，我们看图分析了数据（板书：分析数据），现在，你能帮老师拿主意了吗？你的决策是什么？（板书：做出决策）

（5）师生小结。回顾思考过程：调查数据—整理数据—分析数据—做出决策。

（6）过渡语：现在老师决定少数服从多数，带小记者们到红军纪念园去采风。（播放视频）红军纪念园不仅风景优美，还有关于朱德总司令和红四军战士不畏艰难、坚持革命的种种动人事迹，肯定会让小记者们收获满满。

设计意图：这一环节，我引导学生"自主探索—合作交流—展示分享"，经历数据的整理过程，形成初步的数据分析观念，并渗透分类、一一对应、统计等数学思想，促进学生的可持续发展。

（三）拓展练习，理解应用

情境练习一：

统计野炊活动小记者们喜欢的食材。

从红军纪念园出来，到午餐时间了，老师准备带小记者们去红军纪念园旁边的一片空地上野炊，野炊前需先购买食材。（出示食材图片）

（1）提出问题：怎样购买才能让大多数小记者满意呢？

（2）播放视频，出示调查结果，见表2-5。

表2-5

豆腐	肉丸	饺子	肉丸	饺子
肉丸	饺子	青菜	肉丸	鸡肉
肉丸	饺子	肉丸	青菜	鸡肉
肉丸	肉丸	饺子	饺子	肉丸
饺子	豆腐	面条	肉丸	面条
鸡肉	面条	饺子	鸡肉	面条

（3）出示活动要求：

① 根据调查结果，用点线图整理数据。

② 观察统计结果，你有什么想法？

（4）小组活动。

（5）汇报交流。

情境练习二：

为了使采风活动更丰富、更有趣，下午，老师还打算让小记者们在纪念园的广场上好好玩一次游戏，老师该怎么准备游戏所需的器材呢？同样，要进行调查。小记者们已经用投票的方式给出了结果。

（1）出示小记者投票结果（图2-77）。

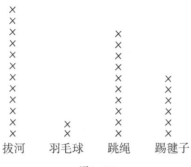

图2-77

① 一共（　　）人投票。

② 下面哪一组和上图所表示的数据完全一样？（课件出示）

（2）引导学生分析统计图中蕴含的数学信息。

（3）学生独立完成练习。

（4）汇报交流。

情境练习三：为学校文学社选购课外书

读万卷书，行万里路。为了丰富小记者们的阅读量，采风活动之后，学校文学社将购进一批新的课外书。

这么多种课外书，怎么选购呢？学生思考后全班交流。（此作为课后作业完成）

列举生活中用到统计知识的例子。

生活中，我们还有哪些地方会用到统计的知识呢？你能举个例子吗？

设计意图：在这一环节，学生在巩固所学知识的同时，回归生活，再次体会统计的必要性。

（四）课堂小结，回顾反思

（1）同学们，这节课你有哪些收获？

（2）回顾总结：这节课我们首先明确了要解决的问题，然后通过调查收集了相关的数据，经历了数据的整理和表示的过程，得到了统计的结果，并且进行了分析，还提出了那么多可贵的建议。孩子们，你们真有智慧，为你们点赞。

（五）运用所学，课后拓展

运用今天所学的统计知识整理和统计班里同学最喜欢的课外书。（欢迎发送到老师的邮箱）

【板书设计】

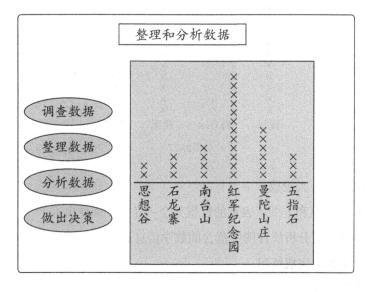

（课例由刘静娴名师工作室的成员刘晓娟老师执教。）

教不越位　学要到位

——"分数的再认识（一）"教学实践

【教学内容】

北师大版教材五年级上册第63～64页（图2-78）。

图2-78

【教材分析】

　　"分数的再认识（一）"是北师大版教材五年级上册第五单元"分数"第一课时的教学内容。三年级下册教材已将"认识分数"设置了独立的教学单元，让学生对分数有了初步认识。本节课将对分数进行再认识，进一步加深学生对分数的认识，完成分数意义的构建，即让学生通过体会整体与部分的关系，感受分数的相对性，为后续真分数、假分数、用分数解决实际问题等知识的学习奠定基础。

【学情分析】

（1）本节课是五年级上册第五单元"分数"知识的第一课时。三年级下学期，学生已经结合情境和直观操作，体验了分数产生的过程，初步理解了分数的意义，知道了分数各部分的名称；认识了整体不仅表示一个，也可以由多个事物组成，而整体的一部分可以用分数表示；能认、读、写简单的分数，会简单的同分母分数加减法；能初步运用分数解决一些简单的实际问题。

（2）本节课是分数意义的拓展，概念比较抽象，学生在理解上有一定的困难。因此，教师要在教学中创设贴近学生生活的情境，为学生提供独立思考、动手操作、自主探究的时间和空间，借助直观活动展开充分交流，让学生积极主动地去参与探索分数知识的全过程。学生在以往的数学学习中逐步积累的动手操作、小组合作、交流倾听、归纳概括等活动经验，将在本节课学习中进一步得到提升。

（3）化抽象为直观——数形结合，对于这一基本的数学思想方法，学生在以往的学习中已经充分体验，这也是本节课学生将用到的最重要的思想方法。

【学习目标】

（1）结合具体的情境，让学生进一步认识分数，概括分数的意义。

（2）结合具体的情境，让学生体会整体与部分的关系，感受分数的相对性。

（3）在具体的情境中发展学生的数感，让学生体验数学与生活的密切联系。

【学习重难点】

（1）让学生进一步理解分数的意义，通过经历分数意义的概括过程，体会分数意义中部分与整体的关系。

（2）数的本质是表示多少，分数也不例外，学生必须理解分数表示多少的相对性。

【教具与学具准备】

学生每人一张作业纸、多媒体课件。

【教学过程】

（一）开门见山，谈话引入

同学们，今天我们一起学习分数的再认识（一）。为什么是再认识呢？关于分数你了解多少？关于分数你还想知道什么？

（二）回顾启思，认识分数的产生

1. 测量与分数（谈话导入）

师：测量物体长度会用到什么工具？

师：古代没有这样的测量工具，古人是怎样进行测量的呢？

师：剩下的不足一段怎么记？其实在很早以前，古埃及人就想到用分数来表示了。

2. 生活与分数

师：在我们的生活中，也经常用到分数。一个蛋糕怎么分给两个小朋友，每人分到多少个呢？（板书强调"平均分"）

师：再比如计算 $1 \div 4 =$ ？可以用什么来表示这个式子的结果呢？像这样在进行测量、分物或计算不能得到整数的结果时，常用分数来表示。

（三）自主探究，理解分数的意义

1. 感知分数的意义，认识单位"1"

（1）课前同学们用自己的方式表示了 $\frac{1}{4}$，你能举例说明你找到的 $\frac{1}{4}$ 的含义吗？

师：很好！我们在用语言描述的时候一定要说完整。

师：你们昨晚做了家庭作业，老师也没闲着，我也找到了一些 $\frac{1}{4}$。

引导学生从一个物体平均分成多个物体，从而引出一个整体可以用自然数"1"来表示，我们通常把它叫作单位"1"。（板书单位"1"）

（2）对于单位"1"你还有什么疑问吗？让学生明白一个物体、一个计量单位，一些物体都能用单位"1"表示。

2. 体验"整体量"与"部分量"的对应关系

（1）感受整体不同，每一份的数量也不同。

师：老师这儿有一盒月饼，我想把这盒月饼的 $\frac{1}{4}$ 分享给邻居，你们先猜猜盒子里有多少块月饼。

211

把邻居分配到的月饼总数的 $\frac{1}{4}$ 画在纸上。

要求：

① 独立尝试，学生自主探索。

② 汇报展示。指定学生上讲台进行汇报演示；引导学生互动、质疑。

（把学生画的贴在黑板上）（你还有什么疑问吗？）

师：观察刚刚同学们画的这三幅图，你还有什么疑问吗？

小组讨论小结：整体不同，每一份的数量也不同。

（2）由部分想整体。

如果这盒月饼的 $\frac{1}{3}$ 是2块月饼，那这盒月饼一共有几块呢？如果这盒月饼的 $\frac{1}{4}$ 是2块呢？

出示课件，盒子里有8块月饼。

8块月饼的 $\frac{1}{4}$ 是什么意思呢？把谁看作单位"1"？

（3）创造分数，体验同一个整体，平均分的份数不同，所表示的分数也不同。

师：你还能表示出8块月饼的几分之几？

随学生的汇报同时板书：$\frac{1}{4}$、$\frac{1}{2}$、$\frac{1}{8}$、$\frac{2}{8}$、$\frac{3}{8}$等。

小组讨论总结：同一个整体，平均分的份数不同，所表示的分数也不同。

（4）概括意义。

刚刚我们又认识了那么多的分数，相信同学们肯定对分数有了更深的认识，谁能说说什么叫分数？

（5）理解分数各个部分的意义。

平均分的若干份指的是分子还是分母，其中一份或者几份指的是什么？

（四）实践促思，提升数学能力

（1）用分数表示各图中涂色的部分。

（2）选择一条你最感兴趣的信息读一读，并说一说它们的具体含义。

（3）深化理解。

师：老师带了一些本子送给大家，我取出本子的 $\frac{1}{3}$ 是2本，我带了多少本本子？（6本）为什么？

生：因为它的 $\frac{1}{3}$ 是2本，那么总数就是3个2本，也就是6本。

师：真厉害，奖励你！（送该生2本本子）现在还剩下几本？（4本）我又取出它的 $\frac{1}{2}$ 是几本？

师：刚才的 $\frac{1}{3}$ 是2本，怎么现在的 $\frac{1}{2}$ 还是2本？

生：刚才是6本的 $\frac{1}{3}$，现在是4本的 $\frac{1}{2}$，所以都是2本。

（五）课尾梳理，总结提升

谈谈你这节课学习了什么，有哪些收获。

【板书设计】

分数的再认识（一）

把一个单位"1"平均分成若干份，取其中的一份或几份可以用分数表示。

在活动中放飞思维

——"神奇的莫比乌斯带"教学实践

【教学内容】

北师大版教材六年级下册"数学好玩"第54～55页（图2-79）。

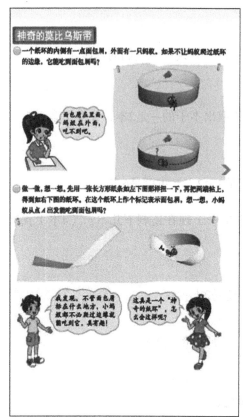 

图2-79

【教材分析】

"神奇的莫比乌斯带"是北师大版教材六年级下册新增的一节数学活动课。莫比乌斯带是德国数学家莫比乌斯和约翰·李斯丁发现的。莫比乌斯带已被作为"了解并欣赏有趣的图形"之一写进了新的数学教材。

【学情分析】

莫比乌斯带属于"拓扑学"的内容，这个内容对于教师来说，不容易组织教学，但莫比乌斯带又是一个能拓宽学生视野的好素材，可以让学生感受到学习数学的乐趣，进而激发学生学习数学的兴趣。六年级的学生有一定的空间思维能力和动手操作能力，在教学中，教师要引导学生在动手操作的过程中，仔细观察，自主发现莫比乌斯带的奥秘。

【设计理念】

我在教学中设计了四大活动，通过"变神奇的带子—做神奇的带子—欣赏神奇的带子—剪神奇的带子"来组织教学，引导学生在动眼、动手、动口的过程中，通过猜想、验证等思维方法，自主发现莫比乌斯带的奥秘，从而感受数学的无穷魅力，开阔学生的数学视野，进一步激发学生学习数学的兴趣。

【教学目标】

（1）让学生在生动有趣的活动中观察、发现莫比乌斯带的特点，体会莫比乌斯带的神奇。

（2）培养学生的动手能力、观察能力和逻辑抽象思维能力。

（3）让学生在莫比乌斯带魔术般的变化中感受数学的无穷魅力，拓宽数学视野，进一步激发学生学习数学的兴趣和严谨的数学习惯，培养学生良好的数学情感。

【教学重点】

自主探究和制作莫比乌斯带，体会、感受它的神奇。

【教学难点】

培养学生大胆猜想、勇于实践的精神。

【教具与学具准备】

纸片、剪刀、双面胶、4个彩色纸条（编号1、2、3、4）等。

【教学过程】

（一）创设情境，激趣导入

（1）魔术引入。老师手里拿的是什么？它可是一个神奇的纸条，用两个颜色不同的回形针，分别夹在纸条的两端，利用这个纸条，老师可以让它们手牵手，相信吗？

（2）出示1个纸条，学生指出4条边2个面。

（3）怎样变成2条边2个面（圈）。（用1号纸条）

（4）有没有办法变成1条边1个面。（学生思考、琢磨）

设计意图：课前以学生喜爱的魔术导入，符合学生的年龄特点和心理特征。利用一个普通的纸条就把学生带入了"神奇"的数学世界，极大地激发了学生的学习兴趣，为下面的学习做好了铺垫。

（二）动手操作，获取新知

1. 做神奇的带子

（1）学生尝试分享怎么做。（课前可布置学生上网查询有关莫比乌斯带的相关知识）

（2）教师播放制作的视频。（让学生明晰只有1个面、1条边的圈的制作过程）

（3）学生制作神奇的带子。（用2号纸条）

（4）怎样证明只有1条边、1个面？用彩笔自己画一画。（确实只有1条边、1个面）

（5）引出课题。（数学上把这样1个面的图形称为"单侧曲面"，一般的纸带有2条边、2个面，叫"双侧曲面"。只有1条边、1个面的圈，叫作"莫比乌斯圈"，板书）

（6）教师释疑：为什么这样的圈只有1个面、1条边？

设计意图：通过课前的布置，让学生上网去查询"莫比乌斯带"的制作方法，提供平台，让一些学生分享已经学到的知识，既激发学生的学习兴趣，也让学生在分享、倾听中增长知识，同时，通过制作—验证这一学习的过程，培养学生严谨的数学习惯和良好的数学情感。

2. 欣赏"神奇带子"

（1）介绍莫比乌斯带的由来。（课件演示）

（2）欣赏生活中的莫比乌斯带。（动画演示）

设计意图：根据小学生的年龄特征和认知规律，充分发挥多媒体课件的直观优势，选取学生认知范围内并且是学生感兴趣的一些动画，创设逼真的情境，化枯燥为生动，化抽象为具体，呈现莫比乌斯带的美，使学生进一步感受数学源于生活并用于生活，也充分激发学生探究神奇的莫比乌斯圈的欲望，提升学生的数学素养，深化学生对数学魅力的感受，拓宽学生的数学视野。

3. 剪"神奇带子"

（1）同学们拿出3号、4号纸条，快速做出2个莫比乌斯圈。

（2）同桌交流，猜想：沿着莫比乌斯圈中间的二等分线和三等分线处剪开，会怎样？

（3）验证猜想——动手剪开。（可以同桌或小组内交流，互相提醒要注意的地方后再剪。学生操作有困难，教师示范先剪一个口，再沿着中间的线剪开）

（4）学生汇报剪开后的结果并展示，感知莫比乌斯圈的神奇。

（5）和一般的圈剪开对比，体会莫比乌斯带的神奇。

（6）解开"神奇"的原因（沿着二等分线剪开后的大圈，学生可能会误以为是莫比乌斯圈，教师可叫学生动手继续验证，养成严谨的数学态度）。

设计意图：大胆放手，引导学生在动眼、动手、动口的过程中，自主发现莫比乌斯圈的奥秘，让学生在猜想、验证中，体会数学的思维方法，渗透数学思想，提升学生的数学素养。

（三）联系生活，应用新知

（1）这只蚂蚁如果不爬过纸环的边沿，它能吃到面包屑吗？（课件出示普通纸环和莫比乌斯纸环）

（2）这是莫比乌斯的爬梯，一只小蚂蚁迷路了，这只小蚂蚁会有怎样的奇遇呢？（多媒体呈现）

设计意图：用莫比乌斯圈的特点来解释小蚂蚁的奇遇，达到巩固和应用并举的目的，而且通过多媒体的演示，学生对莫比乌斯圈的神奇有更深刻的体会，进一步激发学习数学的兴趣。

（四）课堂小结，梳理新知

在数学知识广阔的海洋里，莫比乌斯圈这样神奇而又好玩的知识还有很多很多，就像天空中的星星简直数不胜数。所以古今中外有那么多数学家都被深深吸引并且沉醉其中。这些数学家在面对数学知识的时候都有一个共同的特点，那就是面对不确定的事情，他们敢于做出大胆猜想，并且勇于动手验证。我希望"大胆猜想、动手验证"也成为同学们今后学习数学的法宝。

设计意图：数学充满了无穷的魅力，探索没有止境，向学生指出数学家研究数学的思路，让学生利用数学家的探索方法一路向前，通过榜样的引领进一步提升学生的数学素养。

（五）课外延伸，拓展新知

我们沿莫比乌斯圈的二等分线、三等分线剪开后，一次又一次感受到了莫比乌斯圈的神奇。你们还想沿什么剪呢？请自行设计、制作并记录结果，明天上交一份数学日记。

课程在意犹未尽中结束了，但学生的思考和探索在向课外延伸。

【板书设计】

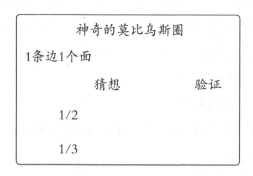

【我的思考与反思】

近日，广东省教育厅小学数学专家团队在鲍银霞博士的带领下，到我校开展调研活动，我执教了一节六年级下册"数学好玩"的内容——神奇的莫比乌斯带。以下是我对执教这节课前后的一些思考。

"神奇的莫比乌斯带"这节综合实践活动课对教师来说是很新奇的，我们以前从没接触过，对学生来说更是陌生，他们从没见过。参考书上对这个内容也没有多少介绍，只是在教学建议中有一句话：让学生了解莫比乌斯带。没有现成的参考资料，网上也只是对莫比乌斯带的用途做了简单的介绍。但我把这看成了一次自我锻炼和自我挑战的机会。在备课过程中，我要求学生通过动手操作、验证交流，探索认识莫比乌斯带，积累数学活动经验，学会用长方形纸条制作成莫比乌斯带，初步体会莫比乌斯带的特征。在数学活动中经历猜想与探索的过程，感受莫比乌斯带魔术般神奇的变化，感受数学的无穷魅力，可以进一步激发学生学习数学的兴趣和好奇心。这是学生和高等数学中拓扑学的初次"相遇"，是一个能激发学生学习兴趣、拓宽学生数学视野的好素材，对学生来说具有可操作性、趣味性和挑战性。

教学中，我将进行数学实验的基本方法融入教学过程，以培养学生在积极探索知识、发现数学问题的过程中，注意数学本身的严谨性和逻辑性。所以在设计的三个实验活动里，我都要求学生经历提出问题—大胆猜测—动手实验—得出结论的过程，完成相应的实验内容。特别是"提出问题"环节，学生在已经认识莫比乌斯带的基础上，会提出许多有关莫比乌斯带的问题，我带着他们完成"将莫比乌斯带沿二等分线剪开，会发生什么？"和"将莫比乌斯带沿三等分线中的一条一直剪下去，会发生什么？"这两个实验。当我问到"还能研究什么问题"时，学生纷纷举手，畅谈自己想研究的问题，如"将莫比乌斯带沿四等分线剪开，会发生什么""将莫比乌斯带沿五等分线剪开，会发生什么""将纸带一端旋转360°再相连，会不会是莫比乌斯带""将纸带一端旋转360°后相连，再沿二等分线剪开，会不会出现莫比乌斯带"……此时，如果我多给学生思考和表达的时间，多一些等待，我想，"羞答答的玫瑰花"可能更多地开放。

在这节课的最后，我想不管莫比乌斯带是什么样的，这样一系小小的纸带在学生脑海中留下的应该是一颗发现问题的"种子"，也希望这颗"种子"在未来的某一天，生根发芽，枝繁叶茂。

在问题解决中发展空间观念

——"确定位置"教学实践

【教学内容】

北师大版教材四年级上册第63～65页内容（图2-80）。

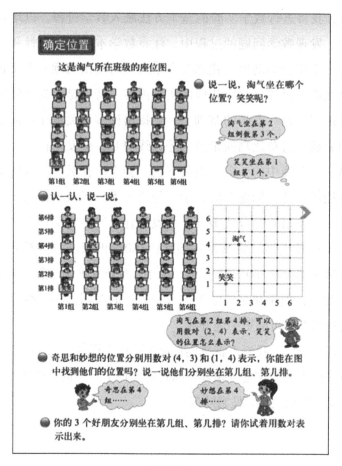

图2-80

【教材分析】

"确定位置"是四年级上册第五单元第二课时的内容。在此之前学生已经学习了前后、上下、方向等表示具体位置的知识，也学习了简单的路线知识。本课主要内容是：在具体情境中能准确地用"数对"说出某一物体的位置，让学生经历数对产生和理解数对意义的过程，并能在方格图上用数对确定位置。这不仅是对前段学习内容的发展，也发展了学生的空间观念，对学生认识生活周围的环境也有较大作用。

【教学设想】

这节课力图以现实的题材呈现有关内容，以有趣、有一定挑战性的问题呈现确定位置的内容，让学生在现实情境中感受物体位置，在现实生活中体会确定位置的重要性和必要性，并思考确定位置的方法，引导学生体会用数对表示位置的简洁性及准确性。这种呈现方式一是使学生能在相对轻松、有趣的活动中理解数对的思想及由来，进一步发展学生合理推理的能力；二是使学生在实际运用中掌握确定位置的基本方法，旨在发展学生的空间观念，为学生学习后面的平面直角坐标系奠定基础。

【教学目标】

（1）知识技能：结合座位图，通过探索在方格图上用数对表示位置的过程，掌握在方格图上用数对表示位置的方法，根据数对确定位置，根据位置写出数对，直观感受直角坐标系。

（2）问题解决：经历在现实生活中用数对确定物体位置的过程，发展空间观念与推理能力。

（3）情感态度：在数对的探索与应用过程中，体会生活中处处有确定位置的需求，感受在生活中用数对确定位置的必要性。

【教学重点】

结合具体情境，探索确定位置的方法。

【教学难点】

准确地用数对确定位置。

【教具与学具准备】

学习单、课件。

【课前活动】

认识你的好朋友。同学们，你们有好朋友吗？你可以用一句话描述一下他，让老师一下子就能知道他的位置吗？我们给他一个惊喜。

【教学过程】

（一）创设情境，提出问题

（1）出示淘气小组的图片。

（2）学生描述淘气在组里的位置。追问：为什么有不同的说法？

（3）出示淘气班级的图片。

（4）学生再次描述淘气在班级里的位置。追问：为什么有不同的说法？

（5）统一标准以后，再次描述淘气的位置。师：看来确定位置也是要讲究

方法，这节课我们就一起来研究如何确定位置。（出示课题）

（二）自主探索，感受数对

（1）师：同学们能描述淘气在班级里的位置吗？请每位同学说说自己在教室里的位置。

同桌互说。

（2）体会数对的简洁性。

师：老师写一个位置，你能找出这个位置坐的是谁吗？

师：老师再说出几个同学的位置，请你按照老师的这种方式记录下他们的位置，然后再告诉我这些同学是谁，好吗？（教师先慢后快说出一些位置）

学生记录在学习单上。

师：都有谁记录下来了？看来用文字的方式记录位置太麻烦，不够简洁。同学们想自己创造出更简洁的记录方式吗？请同学们小组合作，探讨怎样记录第3组第4排既简洁又准确。

学生尝试创作，教师巡视，收集有代表性的作品。

展示作品，分享想法。

课件演示第3组第4排的位置，并告诉学生数学家们就是用数对（3，4）来表示这个位置的。追问：你知道这里的3和4分别代表什么意思吗？

（3）用数对确定同学的位置。

师：现在老师先来变一个小魔术，请同学们仔细观察，然后说说你发现了什么。

学生观察座位图变成方格图的过程。

师：你能用数对确定这些同学的位置吗？

学生说出数对。

（4）分析思考，理解数对的意义。

分别出示课件：同一排，同一组，相对应的两个点。

学生从中发现特点，加深对数对有序性的理解。

（三）知识应用，拓展提高

（1）抽取幸运儿。抽取3名幸运学生，请抽到的学生说出自己的数对，送出礼物。

（2）用数对确定建筑物的位置。

① 走出教室：这是我们东石中心小学的卫星定位图，请你用数对说出以下建筑的位置（图2-81）。

学生汇报。

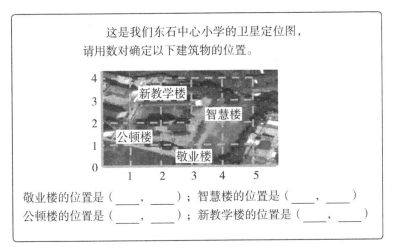

图2-81

② 走出校门：东石中心小学的校门在哪里？你能用数对确定它的位置吗？（图2-82）。

学生汇报。

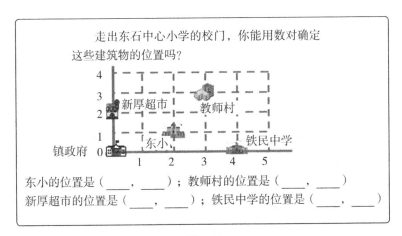

图2-82

（四）联系生活，了解价值

1.了解数对在生活中的应用

（1）经纬线的作用。

（2）卫星定位系统的应用。

2.猜密信：学好数学，其乐无穷

（略）

（五）总结全课，质疑反思

同学们，你们今天学得开心吗？你对自己的表现满意吗？谁来说说你有什么收获？

（六）课外思考，知识延伸

给学生阅读材料，让课堂延伸。

【板书设计】

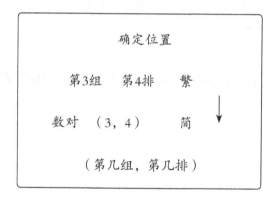

【我的思考与反思】

整节课使学生在具体情境中准确地用数对说出某一物体的位置，让学生经历数对产生和理解数对意义的过程，使其在方格图上用数对确定位置。这不仅是对前段学习内容的发展，也对提高学生的空间观念、使学生认识生活周围的环境有较大作用。在设计这节课时，我主要突出以下重点。

（一）关注过程，让学生获得亲身体验

这节课不仅要教会学生用数对的方法来表示位置，更重要的是让学生在解决问题的过程中，构建数对模型，经历用简洁的数学符号确定位置这一抽象的过程，这才是本课的重点。所以我通过让学生多次描述淘气的位置，以及探索记录第3组第4排更简洁、更准确的方法，让学生在亲身体验的过程中去体会在生活中确定位置的必要性和重要性。同时学生经历了由文字描述到符号表达，由繁到简的再创造过程，进一步感受到了数学的抽象化、符号化。

（二）创设生活情境，让学生从身边找到数学

新课标明确提出，"使学生感受数学与生活的密切联系，从学生已有的知识基础和生活经验入手让学生亲历数学学习的过程"。座位是一个学生感兴趣且生活中经常遇到的事物，确定位置首先要弄清确定位置的方法。我在练习上有一些巧妙的设计，让学生对数对的理解不仅在教室里，还带学生走出教室，走出校门，同时在联系生活环节拓展了学生对经纬线作用、卫星定位系统的应用的了解，使学生知道确定位置在生活中无处不在，加深了学生对数学来源于生活、数学与生活息息相关的印象，也让学生充分明白，数学是来源于生活并服务于生活的。

我在教学中努力体现"自主、合作、探究"的学习方式，让学生通过讨论交流，亲自感受知识间的联系与区别，从而增强学生对数对的理解。我在教学中准确把握自己的地位，真正把自己当成了学生学习的帮助者、激励者和课堂教学的导演，凸显了学生的主体地位，体现了生本主义的教育思想。

以疑促思　以思蕴学

——"长方形、正方形周长"教学实践

【教学内容】

北师大版教材三年级上册第48～49页内容（图2-83）。

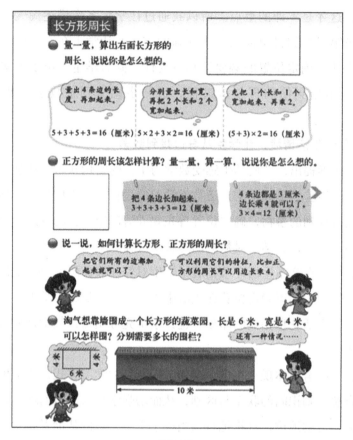

图2-83

【教学设想】

《义务教育数学课程标准（2011年版）》前言部分指出："动手实践、自主探索、合作学习是学生学习数学的重要方式。"本节课的设计以这一基本理念为指导，强调"以学生为中心"和"以自主探究为主线"，重视学习过程和学习方式，努力使学生在探索交流中获得新知。本课教学目标是让学生探索并掌握长方形和正方形周长的多种计算方法，并运用这些知识解决简单的实际问题，培养学生观察、操作和概括的能力，同时发展学生的空间想象力。在学习并归纳周长公式的过程中我注重引导学生用不同的方法解决问题，真正体现了"算法多样化"和"让不同的人学不同的数学"的新课程理念。在教学过程中我组织学生运用合作、小组学习等方式，在培养学生合作与交流能力的同时，调动每一个学生的参与意识和学习积极性。

【教学目标】

（1）通过教学，使学生理解长方形、正方形周长的计算方法，掌握计算公式，培养学生抽象概括的能力。

（2）使学生熟练掌握长方形、正方形周长的计算方法，并能运用所学知识解决生活中的实际问题。

（3）通过合作学习，使学生积极参与数学学习活动，主动探索数学知识，对数学有好奇心和求知欲。

【教学重点】

探索并掌握长方形和正方形周长的计算方法。

【教学难点】

正确计算长方形和正方形的周长。

【教具与学具准备】

长方形、正方形卡片，彩色的长方形、正方形等。

【教学过程】

（一）激趣导入，提出问题

同学们都听过龟兔赛跑的故事吧！乌龟和兔子比赛跑步，兔子输了之后一直很不服气，就想找个机会证明自己的实力，这一天动物们又举行了一次龟兔赛跑。比赛马上就要开始了，裁判员猴哥宣布比赛路线，说："请运动员兔子沿第一块草坪（正方形）跑一圈，运动员乌龟沿第二块草坪（长方形）跑一圈。"兔子一看着急地说："不公平！不公平！我跑的路程比乌龟的长！"

师：到底兔子跑的路程是不是比乌龟的长呢？咱们一起看一看。［出示多媒体课件（图2-84）］

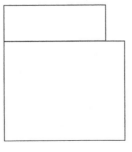

图2-84

你有办法判断出谁跑的路程长吗？

生1：可以量一量。

生2：把它们重叠起来。

生3：算一算它们的周长。

师：它们的周长应该怎样计算呢？这节课我们就来学习长方形和正方形周长的计算。（板书课题：长方形和正方形周长）

（二）小组合作，解决问题

1. 探索长方形周长的计算公式

师：兔子的路线是什么形状？（长方形）

长方形的特征是什么呢？（对边相等，四个角都是直角）

乌龟的路线又是什么形状？（正方形）

正方形有什么特点？（四条边都相等，四个角都是直角）

怎么算长方形和正方形的周长呢？

请同学们拿出你们准备好的长方形卡片，小组合作，想一想、量一量、算一算，长方形的周长应该怎样计算？你们小组能想出几种计算方法？你认为哪种计算方法更好？（在讨论之前要先选好记录员、测量员和汇报员。）

（1）学生合作解决以上问题。

（2）小组汇报解决方法，师板书。

师：好，哪组先来汇报一下你们小组讨论的结果？

生1：我们先量出这个长方形卡片的长是6厘米，宽是4厘米，因为长方形有2个长边和2个宽边，所以这个长方形卡片的周长是6×2+4×2=20（厘米）。（师板书）

师：哪个小组计算长方形卡片周长的方法和他们不一样？

生2：6+6+4+4=20。（师板书）

生3：（6+4）×2=20。（师板书）

师：通过上面的讨论，我们发现计算长方形卡片的周长有很多方法，那么现在谁能总结一下长方形周长的计算方法呢？

生：长+宽+长+宽=周长；宽+宽+长+长=周长；宽×2+长×2=周长；（长+宽）×2=周长。

（学生汇报，师板书。）

师：有这么多计算长方形周长的方法，每一种方法都很棒，在今后的计算中可以选择你喜欢的方法计算。你觉得哪种方法更好呢？

引出并板书：长方形的周长=（长+宽）×2（图2-85）。

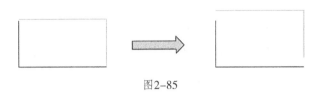

图2-85

这就是长方形周长的计算公式。（齐读2遍）

教师引导学生对比：（长+宽）×2与长×2+宽×2两个算式有什么不同？

让学生理解小括号的重要性并明白要计算长方形的周长需要什么条件。

2. 探索正方形周长的计算公式

师：长方形周长的计算公式我们总结出来了，下面我们来研究正方形周长的计算公式。

师：请同学们拿出准备好的正方形卡片，小组合作，算出周长。

生1：我们先量出正方形卡片的一条边长是5厘米，根据正方形边的特点，周长是5+5+5+5=20（厘米）。

生2：5×4=20（厘米）。

教师引导学生比较并归纳公式：正方形的周长=边长×4（图2-86）。（齐读2遍）

师：要计算正方形的周长要知道什么条件？

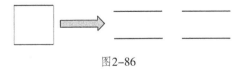

图2-86

师：知道了长方形和正方形周长的计算公式，下面我们一起来计算一下兔子和乌龟赛跑的路程吧。

计算后比较它俩的路程的长短，得出结论：它们跑的路程一样长。

师：开始兔子说"比赛不公平"，它这种没有经过计算就下结论的做法对不对？这时兔子应该怎么做？

师：是呀，兔子知道是自己错了，真棒！希望你们也像兔子那样做一个知错就改的好学生。

（三）联系生活，巩固深化

师：在这次比赛中，兔子吸取了以往的教训，一心一意地和乌龟比赛，最终取得了胜利。在裁判员猴哥宣布比赛结果的时候，乌龟又不服气了，说："跑得快算什么，我们来比比智力吧！"同学们，你们愿意和它们一起比赛吗？（愿意）好，那我们就一起来看看比赛题目吧！

（1）辨一辨。

① 长方形的周长＝长＋宽×2。（　　　）

② 长方形的周长一定比正方形的周长长。（　　　）

③ 一个长方形的长是5厘米，宽是4厘米，这个长方形的周长是20厘米。
（　　　）

④ 正方形的周长是边长的4倍。（　　　）

（2）算一算周长（图2-87）。

4厘米

2厘米

3厘米

图2-87

（3）填一填。

① 计算长方形的周长，要知道长方形的（　　　）和（　　　）。

② 一个正方形花池的边长是3米，这个花池的周长是（　　　）米。

③ 一个长方形的长和宽的和是10厘米，它的周长是（　　　）厘米。

④ 用一根40厘米的绳子围一个正方形，这个正方形的边长是（　　　）。

（4）拼一拼。

把两块长10厘米、宽5厘米的长方形纸板拼起来，算一算所拼图形的周长。

（5）分一分。

把一个正方形分成两个相等的长方形，求出每个长方形的周长（图2-88）。

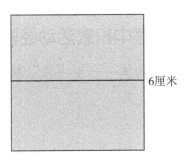

6厘米

图2-88

（四）课堂总结

师：和我们一样，这时候兔子和乌龟的智力比赛也结束了，在比赛中，乌龟取得了胜利。兔子跑得快，乌龟更聪明，兔子和乌龟各有所长，我们用掌声为它们祝贺！其实每个人也都各有所长，我们应该互相学习，对不对？

兔子和乌龟的比赛结束了，我们这节课也接近尾声了，请同学们想想：这节课你学会了什么？你有什么收获？

【板书设计】

长方形、正方形周长：长方形的周长=（长+宽）×2；正方形的周长=边长×4

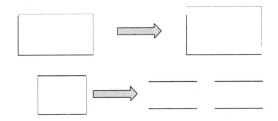

【课后反思】

在这节课的教学中我认识到自己存在很多不足：一是对于教材的钻研不够透彻；二是教学用语不够规范；三是练习题型不够丰富，只注重结果没有注重过程，在学生出错的地方没有多问为什么。在今后的教学中我要注意提升自身的专业素养，修炼自己的语言，做到严谨教学。

在观察中积累活动经验

——"观察物体——看一看"教学实践

【教学内容】

北师大版教材三年级上册第二单元"观察物体"。

【教学对象】

小学三年级学生。

【设计理念】

本节课重视联系实际生活组织学生开展探索性数学活动，注重知识发现和探索的过程，使学生从中积累数学活动经验，感受数学的力量。同时在学习活动中，使学生学会自主学习和小组合作，培养学生解决数学问题的能力。

【教材分析】

从数学知识、方法的角度看，"从不同位置观察物体"是在直观认识了简单几何体和平面图形的基础上进行教学的，它是"空间与图形"中的一个内容，为培养和发展学生的空间观念提供了一个很好的载体。学生在一年级下学期初步学习了从不同位置观察一个简单物体，现在拓展到观察一个物体最多可以看到三个面，从相对位置观察物体，看到的画面正好是相反的，进一步积累观察物体的经验。发展想象力的最好方法是鼓励学生大胆去想，引导学生亲自去做，让学生从不同位置观察一个物体，通过想象、推理、模拟、观察、验证等不同层次的活动，获得丰富的观察物体的直接经验，在头脑中形成表象，逐步发展空间观念。

本节课要继续发展学生观察物体的经验：一是能够根据照片或直观图辨认从不同角度观察到的简单物体；二是体验从不同角度观察长方体，每次最多只能看到三个面；三是初步感知相对位置观察物体看到的形状是相反的。本课时的主情境图是三名学生站在桌子的周围从不同角度观察桌面上的一个投票箱，以此来引导学生辨别他们各自看到的是什么，体验从不同角度观察长方体，每次最多只能看到三个面；四是通过四名学生观察小熊图，引导学生初步感知：从相对位置观察物体，看到的画面正好是相反的。这样，让学生经历"观察图片—空间想象判断—观察实物图—形成表象"的过程，以此帮助学生体会从不同位置观察物体看到的形状是不同的，积累观察物体的经验，发展空间观念。

【学情分析】

此前学生已掌握了前、后、左、右、上、下的知识，但是由于低年级学生的观察能力还未形成，因此教师必须教会学生学会观察，要求学生有序地、具体地观察事物。这样，学生才能从观察中汲取知识，并使思维在观察中活跃起来。

【教学目标】

知识与技能：根据照片或直观图辨认从不同角度观察到的简单物体。

在实物观察、空间想象和推理等活动中，体验从不同的位置（角度）观察物体，每次最多能看到三个面，积累观察物体的活动经验。

过程与方法：在想象、推理、观察、验证的活动中，初步发展合情推理和空间想象的能力，形成初步的空间观念。

情感态度与价值观：在与他人合作交流的过程中，简单描述自己的思考过程和观察结果，体验观察的乐趣。

【教学重点】

让学生在观察具体情境的过程中，体会从不同位置观察会得到不同的观察结果。

【教学难点】

感知从相对位置观察物体，看到的画面正好是相反的，体验观察位置和角度与看到的简单物体之间的对应关系。

【教学过程】（表2-6）

表2-6

教学环节	具体内容	组织形式	设计意图
（一）创设情境激趣导入	1.引起冲突、激发兴趣。 师：同学们，我们在一年级已经学习过观察物体了，今天老师来考考你们。敢接受挑战吗？ 出示长方体投票箱。 师：请听题！这个长方体箱子一共有几个面？ 师：6个面。难不倒你们。第二题，请听题!在你的位置上，你能看到它的几个面？ 2.揭示课题。 师：为什么大家观察到的结果不一样呢？ 预设1： 生1：因为站在了不同的位置。 师：站在了不同的位置。这节课我们就学习从不同的位置观察物体，看看还有什么新的发现。 （板书课题） 预设2： 师：这节课我们继续学习"观察物体"，看看究竟是怎么回事。 （板书课题）	学生观察长方体箱子，回答问题	我创设了"观察长方体箱子"的情境，让学生坐在不同的位置进行观察。学生通过回答发现很多同学观察到的箱子的面数不同，从而引起认知冲突，激发学习新课的兴趣
（二）观察探究验证拓展	第一层：观察长方体主题图。 问题一：下面的三幅图分别是谁看到的？想一想，连一连。 1.看一看：明确观察位置（出示主题图）。 师：瞧，淘气、笑笑、妙想他们三个小朋友在做什么？你能说说他们分别站在什么位置观察长方体投票箱吗？（投票箱的位置都在笑笑和妙想的水平视线之下。） 	引导学生观察，明确每个小朋友具体的观察位置。	让学生带着问题开始观察，目标指向明确。激活学生观察物体的已有经验，发挥他们的空间想象力。

教学环节	具体内容	组织形式	设计意图
（二）观察探究验证拓展	2.连一连：独立想象判断。（完成1号学习单） 让学生想一想，连一连。 **连一连** 1号学习单 下面的三幅图分别是谁看到的？想一想，连一连。 淘气 笑笑 妙想 笑笑 妙想 淘气 3.说一说：汇报交流。 师：这三幅图分别是谁看到的，你是怎样想的？ **说一说** ● 你是怎样想的？ 淘气 笑笑 笑笑 妙想 妙想 淘气 问题二：站在不同位置，每次最多能看到几个面？ 先猜一猜，再看一看、说一说。 1.猜一猜。 师：刚才淘气他们站在不同的位置观察投票箱，淘气看到了1个面，笑笑看到了2个面，妙想看到了3个面。猜一猜，站在不同的位置观察投票箱，每次最多可以看到几个面？ 2.看一看。 师：真的能看到4个面吗？ 师：究竟能不能看到4个面或5个面呢？在小组观察之前，我们先明确活动要求。（出示活动要求）	学生独立思考、判断，再连一连。 引导学生说清楚站在哪个位置能看到几个面。 引导学生回顾刚才的观察结果再提出猜想。	培养学生的独立思考能力。 在引导学生观察物体的活动中，培养学生的观察能力，使学生建立初步的空间观念；为学生今后研究几何图形的形状、位置关系打下基础、铺平道路。

教学环节	具体内容	组织形式	设计意图
（二）观察探究验证拓展	小组活动： 1.和你的同伴一起观察投票箱，看一看每次最多可以看到几个面。 2.和你的同伴说一说，你在什么位置看到了几个面。 师：你理解"每次"是什么意思吗？ 师：孩子们，都明白怎么看了吗？请小组长把投票箱放到桌面上和同伴一起观察，开始吧。 3.理一理。 4.全班汇报。 师：为什么每次最多只能看到3个面？ 请一个学生上来配合老师。老师举着箱子（固定）， 让学生看上面，师问："你能看到下面吗？" 让学生看前面，师问："你能看到后面吗？" 师问："如果你看到了左面，一定看不到哪一面。"（板书）板书： 上——下 前——后 左——右 站在不同的位置观察长方体，每次最多只能看到三个面。 第二层：观察小熊主题图。 问题：下面的四幅图分别是哪位同学看到的？先想一想，再看一看。 1.做一做：完成学习单。 做一做 2号学习单 1.看一看：他们分别在哪个位置观察小熊？ 2.填一填：他们看到的分别是哪一幅图呢？ 3.说一说：和小组内的同伴说说自己是怎样想的。 妙想　淘气　笑笑 奇想 （　）（　）（　）（　）	引导学生观察实物进行验证。 引导学生尝试说明猜想的合理性。	这个活动有助于学生积累观察物体的活动经验，以及发展空间想象力与推理能力。 为了进一步丰富学生的直观表象，让学生通过实物观察，验证自己对问题的猜想。 师展示自己的推断思路，让学生感受有序思考、空间想象和推理的方法与价值。 这一环节，让学生尝试说清楚站在不同的位置观察长方体，每次最多只能看到3个面，培养学生的表达能力。

教学环节	具体内容	组织形式	设计意图
（二）观察探究验证拓展	2.验一验：汇报交流。 师：刚才我们验证了答案，谁能说说你是怎么想的？ 主要引导学生说清楚奇思和淘气的情况（奇思在小熊的左边，看到小熊的左手臂。淘气在小熊的右边，看到小熊的右手臂。） 3.议一议。 引导学生分析：从相对位置观察物体，看到的画面正好是相反的。 板书： 从相对位置观察物体，看到的画面正好是相反的	让学生找准、说清谁与谁面对面，妙想的左边、对面、右边的座位上分别是谁。 教师小结学生思考	引导学生初步感知：从相对位置观察物体，看到的画面正好是相反的。只有让学生充分体验观察位置和角度与看到的简单物体之间的对应关系，才能促进他们空间想象力的发展和空间观念的建立。 通过理一理，使学生获得观察物体的直接经验，提升他们的空间观念
（三）初试验证分层练习	1.对号入座。 根据小熊的照片，找到摄影师的位置。 师：你们看，老师给你们带来了什么？（出示实物小熊） 师：小熊也想考考你们，愿意接受挑战吗？ 小熊：摄影师从我的前、后、左、右四个位置都拍了一幅照片，照片都在这（师举起来给大家看），你能根据照片找到摄影师的站位吗？ 现在请四个同学上来，每人拿一幅照片，再站到摄影师照相的位置。 2.选择表演。 出示四人观察茶壶图。	引导学生观察、想象、思考、判断、表演。	使学生进一步认识到：观察的位置不同，看到的形状也不同；从相对位置观察物体，看到的画面正好是相反的。

续 表

教学环节	具体内容	组织形式	设计意图
（三）初试验证分层练习	选择表演 聪聪　亮亮　红红 （　）（　）（　）（　） 3.抽题检测	引导学生交流汇报	这几道基本题让学生经历了前、后、左、右、下的完整观察过程。这些图所对应的实际物体是学生生活中常见的,学生经过回忆、再现、比较、筛选,很快得出了答案
（四）课堂小结交流提升	1.分享收获。 通过今天的学习,你有什么想和大家分享的吗? 2.名言相送。 一切推理都必须从观察与实验中得来。 ——伽利略（物理学家）	引导学生总结收获	便于学生对所学知识的整理和回顾,又能帮助学生树立学习的自信心

【教学反思】

实物观察是看图观察的基础,看图观察是实物观察的发展。本课的问题串设计让学生经历从实物观察到看图观察的过程,以此帮助学生积累观察物体的经验,发展他们的空间观念。只有从不同位置观察物体,才会逐步形成这个物体的完整表象。

为紧密联系学生的生活实际,我设计了三个活动:一是从上面、左面、右前方观察长方体,让学生积累从多个角度观察简单物体的经验,体验每次最多只能看到长方体的3个面。这种观察物体的活动,让学生通过想象,先对问题的答案提出猜想,再尝试说明这个猜想的合理性,让每个学生都有机会参与思考活动,激活学生观察物体的已有经验,发挥他们的空间想象力。二是四人观察小熊图,让学生初步感知:从相对位置观察物体,看到的画面正好是相反的。

这样，学生经历"观察图片—空间想象判断—观察实物图—形成表象"的过程，积累观察物体的经验，发展空间观念。三是找摄影师的站位和观察茶壶并表演，使学生深刻体会到同一个物体从不同角度观察到的形状是不同的。

课上，我设计了对学生现有水平具有挑战性的问题来促进学生空间观念实质性的发展；力求让学生享受学习、享受教育、享受求知的种种美好；让学生在玩中学、乐中学，敢想、敢说，培养了学生的进取心，激发了学生的求知欲，提升了教学效果。但是，低年段的学生在说理这一层面还需要进一步的启发引导。

第三章

3

指向核心素养的
评价建设

　　基于核心素养的教学，不仅要使学生掌握知识、培养技能、发展智能，更要注重使学生养成良好的学习习惯，培养学习兴趣，确立学习信心，还要启发学生进行数学思考，积累经验。因此，要综合评价学生的数学学习水平，要用多元的标准架构评价框架。同时，要加强学生学习过程中的回顾与反思，引导学生进行自我评价、自我反思，用"我们学了什么""用什么方式来学习的""和原来的知识结构有什么关系""学习中最感兴趣的是什么"等反思性问题，把指导学生反思融入整体的学习过程，促进学生的可持续发展。课堂教学不只是知识技能的教学，更承载着育人功能，以培养人的核心素养为目标。

第一节　小学数学核心素养与关键能力框架解读

　　数学核心素养是具有数学基本特征的，适应学生个人终身发展和社会发展需要的思维品质与关键能力。数学核心素养是数学课程目标的集中体现，是在数学学习的过程中逐步形成的，因而也是数学学业质量评价的重要依据。鉴于数学核心素养具有连续性和阶段性，借鉴普通高中数学课程标准中对数学核心素养的界定，小学生的数学核心素养主要包括数学抽象、逻辑推理、数学建模、直观想象、数学运算、数据分析六个方面。这些数学核心素养既独立，又相互交融，形成了一个有机整体。基于学业质量评价的需要，我们对小学生的数学核心素养所体现出的关键能力进行了进一步分解，并根据义务教育第一学段的具体课程内容以及学生的身心发展规律，明确了相对应的水平等级及其具体表现。

一、数学核心素养的内涵及其在小学阶段的具体表现

1. 数学抽象素养

数学抽象素养是指能够从大量具体事物或现象中抽取其共同的数学本质属性或特征的素养，主要包括：从数量与数量关系、图形与图形关系中抽象出数学概念及概念之间的关系；从事物的具体背景中抽象出一般规律和结构，并且用数学符号或者数学语言予以表征。

数学抽象素养在小学阶段具体表现为：①能从具体事物或现象中抽取出数学概念和几何图形；②能从具体事物或现象中抽取出数量关系和图形关系，并形成数感和初步的符号意识。数感主要是指关于数与数量、数量关系、运算结果估计等方面的感悟。符号意识主要是指能够理解并且运用符号表示数、数量关系和变化规律；知道使用符号可以进行运算和推理，得到的结论具有一般性。

2. 逻辑推理素养

逻辑推理素养是指能够从一些事实和命题出发，依据规则推出其他命题的素养，主要包括两类：一类是从特殊到一般的推理，是从范围较小的命题得到范围较大的命题。推理形式主要有归纳、类比；一类是从一般到特殊的推理，是从范围较大的命题得到范围较小的命题，推理形式主要有演绎。逻辑推理素养的形成过程也是学生形成有论据、有条理、合乎逻辑的思维品质的过程。

逻辑推理素养在小学阶段具体表现为：①从已有的数学事实（尽管有时是个别的）出发，凭借一些经验和直觉，通过归纳和类比等形式来推断某些结果，获得新的发现；②从已有的数学事实出发，依据定义和一些确定的规则进行有逻辑的推理；③能有根据、有条理地运用数学语言表达思考过程，能理解他人运用数学语言所表达的内容并做出适当的评判。

3. 数学建模素养

数学建模素养是指能够从现实生活或具体情境中抽象出数学问题，用数学语言表示数学问题中的数量关系和变化规律并解决问题的素养，主要包括：在实际情境中从数学的视角发现问题、提出问题、分析问题、建立模型、求解结论、验证结果并改进模型，最终解决实际问题。

数学建模素养在小学阶段具体表现为：在现实情境中，运用加法模型（部分+部分=总体）、乘法模型（每份×几份=总数）等，从数学的角度发现和提出问题、分析和解决问题。

4. 直观想象素养

直观想象素养是指能够借助几何直观和空间想象感知事物的形态与变化，以及利用几何图形理解和解决数学问题的素养，主要包括：①借助空间认识事物的位置关系、形态变化与运动规律；②利用图形描述、分析数学问题；③建立数与形的联系，构建数学问题的直观模型，探索解决问题的思路。

直观想象素养在小学阶段具体表现为：①根据物体的形状抽象出几何图形，根据几何图形想象出所描述的实际物体；②想象物体的方位和相互之间的位置关系；③想象图形的运动和变化；④能理解几何图形表达的数学信息，能运用几何图形描述和分析问题。

5. 数学运算素养

数学运算素养是指在明晰运算对象的基础上，能够根据法则和运算律正确地进行运算的素养，主要包括理解运算对象、掌握运算法则、探究运算思路、选择运算方法、设计运算程序、求得运算结果等。

数学运算素养在小学阶段具体表现为：理解运算的意义和算理，掌握运算法则，选择运算方法，口算、笔算、估算等技能。

6. 数据分析素养

数据分析素养是指能够基于解决问题的需要收集数据、整理数据、描述数据，并通过分析做出判断的素养，主要包括收集数据、整理数据、提取信息、构建模型、进行推断、获得结论。

数据分析素养在小学阶段具体表现为：①了解简单的数据收集、整理、描述的方法；②能根据问题的背景，选择合适的统计方法；③通过对数据的简单分析，理解数据所蕴含的信息并做出初步的判断；④通过数据分析体验随机性。

二、数学核心素养的具体分解

根据小学阶段数学课程内容的要求，对数学核心素养所体现出的关键能力分解如下，见表3-1。

表3-1

数学抽象	逻辑推理	数学建模	直观想象	数学运算	数据分析
抽象出数或图形 抽象出数量关系 抽象出图形关系	合情推理 演绎推理	发现和提出问题 分析和解决问题	直观感知 空间观念 几何直观	理解运算 实施运算 估算	收集和整理数据 描述和分析数据

三、数学关键能力在第一学段的水平划分

数学关键能力的形成具有明显的阶段性特点。一方面，学生的年龄特点和课程内容的设置决定了同一学段对不同关键能力的要求是轻重有别的；另一方面，学生对数学知识学习由低到高可以划分成不同的水平，也对应生成数学关键能力的不同水平。基于此，每一种关键能力在第一学段的水平划分及其具体表现如下，见表3-2～表3-4。

表3-2

核心素养	关键能力	表现水平划分		
		水平一	水平二	水平三
数学抽象	抽象出数或图形	能在具体事例中辨认出数或图形	能利用数或图形等概念表述一类事物或进行判断	能从抽象的角度思考分析问题，在一般意义上解释具体事物
	抽象出数量关系	能识别简单情境中的数量关系	能利用适当的方式描述稍复杂情境中的数量关系	能用不同的方法或从不同角度描述较复杂情境中的数量关系
	抽象出图形关系	能识别简单情境中的图形关系	能利用适当的方式描述稍复杂情境中的图形关系	能用不同的方法或从不同角度描述较复杂情境中的图形关系
逻辑推理	合情推理	能在简单情境中，凭借经验和直觉推断某些结果	能在稍复杂的情境中，通过观察、计算等，提出简单的数学猜想	能在较复杂的情境中，通过归纳、类比等，自主获得简单的数学发现
	演绎推理	能根据定义（规则）进行简单推理	能根据定义（规则）进行稍复杂的推理	能在变式的情境中，依据定义（规则）进行稍复杂的推理

表3-3

核心素养	关键能力	表现水平划分		
		水平一	水平二	水平三
数学建模	发现和提出问题	能发现简单情境中的数量关系，提出问题	能发现稍复杂情境中的数量关系，提出问题	能发现新情境中的数量关系，用适当的数学语言或符号提出问题
	分析和解决问题	能运用常见的数量关系，分析和解决简单的实际问题	能运用常见的数量关系，分析和解决稍复杂的实际问题	能运用合适的方式方法，分析和解决非常规的实际问题
直观想象	直观感知	感知简单图形的构成要素，能辨认基本的几何图形	了解简单图形的基本特征	能感知不同图形之间的关系
	空间观念	能建立长度、面积单位实际大小的表象；能辨认物体（图形）的方向和位置	能辨认图形或物体运动的前后位置关系；能根据具体事物、照片或直观图辨认从不同角度观察到的简单物体	能根据几何图形想象出相应的实物；能根据描述想象出特定物体（图形）的形状
	几何直观	能用图形表示数或简单情境中的数量关系	能用图形表达和分析稍复杂问题情境中的数量关系	能用图形表达和分析非常规问题情境中的数量关系

表3-4

核心素养	关键能力	表现水平划分		
		水平一	水平二	水平三
数学运算	理解运算	能在简单情境中识别运算规则	能说明运算过程中特定步骤表示的含义	能用适当的方式（如画图、描述等）解释运算规则或结果
	实施运算	能根据运算规则正确地进行四则运算	能在理解算理的基础上，根据运算规则正确进行验算；能正确计算两步整数四则混合运算试题	能灵活运用规则，寻求合理简捷的途径进行运算
	估算	能根据解决问题的需要选择估算	能参照一定标准进行估算或估计	能运用估算解决一些实际问题

核心素养	关键能力	表现水平划分		
		水平一	水平二	水平三
数据分析	收集和整理数据	能用适当的方式收集记录数据；能按给定的标准对数据进行分类	能用调查、测量等简单方法收集数据；知道对同一组数据可以用不同的标准进行分类，能根据数据的特点和解决实际问题的需要，选择合适的方法整理数据	根据实际问题的需要，能从调查、测量等方法中选择合适的方法收集数据；能根据数据的特点，自行制定不同的标准，对事物或数据进行分类
	描述和分析数据	能读出数据所蕴含的简单信息	能读出数据的简单分布情况	能借助对数据的描述，进行简单的判断、解释

第二节　核心素养视角下小学生数学空间观念的培育及评价

空间是物质存在的一种客观形式，是人们认识世界基本的概念。空间观念是数学课程的核心内容，是小学阶段学生需要培养的学科核心素养之一，是数学教学中要高度重视的方面。因此，明确空间观念的内涵、认识空间观念的生成特征、发展学生的空间观念非常重要。

一、数学空间观念的内涵

空间观念是对物体的形状、大小，物体与物体之间的方向、距离及其位置关系的一种直觉。空间观念是形象思维和创新能力的基本要素，通过观察、想象、比较、综合、抽象分析来认识客观事物，抓住事物的关键特征，充分直观地感知物体的位置关系以及运动变化，进而使人脑中留下的印象得以形成和发展。"空间观念主要是指根据物体特征抽象出几何图形，根据几何图形想象出所描述的实际物体；想象出物体的方位和相互之间的位置关系；描述图形的运动和变化；依据语言的描述画出图形等。"

空间观念在数学核心素养体系中是基础层级的内容，是现代个体发展所必需的基本能力。因此，数学空间观念的培育，不仅能鼓励学生学会从几何的角度去认知身边的事物，根据物体特征抽象出几何图形，建立起相应的几何模型来解决问题，还能通过想象出物体的方位和相互之间的位置关系，培养他们的空间方位意识，使学生在体会物体运动变化的过程中领悟变换的思想。小学生在对实物、模型、图形、生活空间等进行观察和操作的体验中，能够积累大量相关的数学活动经验，逐步培养空间想象力，并不断增强运用规范语言描述的表达能力。

二、数学空间观念的生成特征分析

空间观念作为数学核心素养中直观想象的关键能力之一，具有一定的生长性。空间观念的生成特征既同数学核心素养的生成特征具有一致性，同时也具有其自身的特殊性。

1. 主体性

空间观念是空间知觉经过加工所形成的空间表象。小学生的空间表象不是以他们的空间环境感觉表现出来的，而是从早期那些环境的活动操作中构造出来的，他们是依靠经验开始几何学习并逐步形成空间观念的。这种经验强调的是学生头脑中已有的直接经验，并且这种经验是学生主动接受的经验，如依赖于动手操作和直观感知，主体在头脑中进行加工的过程中，通过不断地尝试搭建模型、拼图、选择分类、组合分解等活动，加深对图形直观特征的体验，从而形成空间观念。

2. 过程性

小学生的空间观念并不是凭空产生的，他们已有的生活经验本身就是通过积累获得的，因而空间观念的形成具有一定的过程性。小学生空间观念的形成又是一个逐渐形成、逐步发展的过程，这与儿童空间思维发展水平的阶段性密切相关。例如，小学生在第二学段的学习中接触立体图形之后，对表面积和体积的概念容易混淆，这是由于二维空间图形与实物的可见面一致，易求出可见面的面积，而在辨认三维空间图形时则要有一定的空间想象力来想象出实际物体。从小学生形成空间观念的心理特点来看，他们的空间观念的形成大致经历了具体（实物直观）—半具体（模像直观）—半抽象（图像抽象）—抽象（概念抽象）这样几个阶段，这些阶段都是在活动过程中得以发展的。

3. 依赖性

一方面，小学生空间观念的形成对直观依赖较大，且依赖的时间往往会比较长。实物直观、模象直观、言语直观是常见的直观形式。由于小学生认知规律的特点，在图形的认识时应先认识三维图形再认识二维图形，以便顺利实现二维图形与三维图形之间的转化。另一方面，同时小学生对图形的识别和判断往往依赖标准形式，并依赖标准形式去识别图形的本质特征，再建立起一定的模型。例如，儿童对一些"邻边大小接近且倾斜角度比较小"的平行四边形、"邻边大小差异很大"的长方形等图形和物体的识别比较容易，设计这样的识别活动有利于学生很快找出物体的性质特征。

三、小学生数学空间观念的培育策略

小学数学教学要基于核心素养，从学生实际出发，在把握学生空间观念生成特征的基础上，采取有效的培育措施，发展学生的空间观念。

1. 关注学生的生活经验，感知空间观念

小学生的空间知识主要来源于丰富的现实原型，培育学生的空间观念离不开具体的生活，尤其是他们自身的生活经验。教材中的图形许多都选自生活中的实际物体，培养小学生的空间观念就要充分利用学生生活中的事物，引导他们主动地把所学的内容与生活中出现的事物联系起来，去探索图形的特征，丰富他们将图形与生活联系起来的经验。例如，在教学四年级的"观察物体"时，教师拿出一个写有"投票箱"三个字的长方体，要学生找出这个长方体投票箱的正面。学生立马抓住写有"投票箱"这三个字的面，明确地说这个面是正面。这时教师再拿出一个没有任何标记的长方体，问这个长方体的正面在哪里。这样一对比，学生对物体的正视图就产生了一定的印象和理解。又如，学习长方体的表面积之后，求粉刷房间四周的面积有多大时，要扣除门窗的面积。再如，计算圆柱形食品盒上商标纸的面积、水管的面积或压路机压出的面积时，只要求侧面积就行了。这些都需要借助学生的生活经验，根据文字描述理解图形。

2. 重视观察和想象，形成空间观念

观察是一种有目的、有顺序、注意力集中的视觉活动，而视觉是几何知识学习的重要基础。引导小学生养成有序的观察习惯，对他们在提高视觉加工能力的基础上发展空间感是很重要的。例如，在教学"观察物体"时，教师拿出观察物（小熊），先让学生在自己的座位上观察，再让学生分组，依次从小熊的前、后、左、右观察。学生在观察中会自己得出结论：观察的角度不同，看到的形状会不一样。需要注意的是，想象具有伴随性，具有隐形的特点，因此，小学生的空间观念的有效生成仅有观察是不够的，还需要将观察活动与想象有机融合。又如，在"观察物体"的教学中，在学生充分观察实物以后，教师出示从小熊的四个面拍的照片，让学生思考照片是在小熊的哪个方向拍的，这就是让学生从这个物体某个角度去联想，在头脑中形成立体表象，积累经验，形成空间表象，获得换位空间知觉印象。

3. 突出动手操作，体验空间观念

操作是小学生智力的源泉和思维的起点。小学生思维的发展离不开实践活动，课堂上做一些实际的观察、触摸、测量等活动，能促使他们的视觉和触觉协调起来，充分实现内化功能。通过动手操作，小学生经历尝试—想象—推理—验证—思考的过程，进行深层次的脑力活动，从而有助于形成正确的空间观念。因此，教师在实际教学中，在引导学生参与实践探索活动时，应结合具体的教学内容、小学生的年龄特点和生活经验去设计观察、触摸、动手制作等实践活动，明确操作目标，让他们感知具体事物，促进活动的内化，从而掌握图形特征。例如，教学"认识长方形、正方形"时，在学生对长方形、正方形有了初步的感知后，教师安排从一个袋子里"摸图形"的活动，接着结合学生认为不是长方形的图形，让学生说说哪些不是长方形的特征，然后启发学生去总结长方形和正方形的特点，再让学生结合手中的学习材料（长方形和正方形纸、直尺、剪刀等），动手量一量、折一折、比一比，深入研究长方形和正方形的特点。通过这两种实践操作，学生带着积极和良好的情感投入活动，对长方形和正方形的特征认识更加明晰化、准确化、系统化，学生的语言表达也进一步得到规范，从而真正将活动经验转化为有效的数学知识。

4. 加强合作交流，强化空间观念

合作交流是学习数学的重要方式。对于小学生来说，空间观念需要以他们自己的感知为基础，在自主与合作相结合的交流过程中得以发展。教师在课堂教学中应注重营造宽松的氛围，适时组织小组交流讨论，并在小组合作中扮演引导者和促进者，鼓励学生独立思考，充分发表自己的见解。例如，在描述图形的交流活动中，教师可以让一名学生描述，其他学生根据他所描述出来的特征猜出图形的形状，对于简单的图形可以直接说出名称，而对于稍微复杂的图形则需要学生动手作图。此外，教师应多提供具有探究性和挑战性的内容，为学生的合作学习创设逻辑基础和情感基础，这样更利于思维的碰撞和课堂的生成。又如，教学多边形的面积时，教师可以设计这样一个开放的题目：在一块平行四边形的菜地中，挖一个正方形水池（位置不确定），请你用一条直线，将菜地与水池同时平均分成两份。学生之间进行合作交流，相互启发，慢慢在讨论中寻找方向，可以激发学生对空间的思考，使其思维得以打开。

四、小学生数学空间观念的评价

评价作为教学活动的重要环节之一，对推动核心素养根植于教学实践起着重要的作用。数学核心素养是学生在学习数学后应达到的某种综合性能力。核心素养视角下的教学评价不同于以知识、技能掌握为中心的评价，它更关注学生的数学学科思维及稳定的情感和态度等，更关注学生用数学的眼光观察生活、用数学的思维分析世界。一般来说，评价涉及评价框架和评价实施两个方面。

1. 评价框架

我国小学生空间观念的发展水平体现在课程标准的课程目标和课程内容部分，并在各个学段的表述上有一定的层次。但是空间观念水平在课程标准的"图形与几何"内容中，由第一学段的"发展空间观念"到第二学段的"初步形成空间观念"这样的表述层次不够清晰，也不具备可操作的指导作用。因此，通过梳理课程标准中的表述及已有的关于空间观念评价的研究，并结合数学空间观念的表现内容和生成特征，本研究尝试构建出小学生数学空间观念的评价框架（表3-5）。

表3-5

关键指标	学段表现水平	
	第一学段	第二学段
实物与几何图形的抽象	学生能初步认识一些简单的几何体（长方体、正方体、圆柱体和球）和常见的平面图形（长方形、正方形、三角形等），把握图形的外部特征，认出物体；了解常见的三种角；能用简单图形进行拼图	能再认识一些简单的几何体（长方体、正方体、圆柱和球）和常见的平面图形的各部分结构及名称、图形的基本特征等；了解两条线之间的关系（平行与相交）；能辨认从不同方向看到的物体的形状；认识一些简单的几何体的展开图
图形与位置	能描述物体的相对位置，能根据给定的四个方向中的一个方向去辨别其他三个方向，想象出物体的位置并描述生活中物体的方位；知道并能用东北、西北、东南和西南这些词语描绘物体所在的方向	能确定位置；能描述路线图；根据给出的方向和距离确定位置；能用数对在方格纸上表示并确定位置；根据比例尺能简单看懂地图；理解物体之间的距离与方位
图形的运动	能想象图形的运动，感受平移、旋转、轴对称现象；能辨认简单图形经过平移后的图形；通过观察与操作，初步认识轴对称图形	通过观察与操作，进一步认识轴对称图形，能找出并画出对称轴或者补全一个简单的轴对称图形；认识图形的平移与旋转，能画出按水平或垂直方向将简单图形平移以及将简单图形旋转90°；在方格纸上按一定比例将简单图形放大或缩小；能从平移、旋转、轴对称的角度欣赏生活中的图案，在方格纸上设计简单的图案

2. 评价实施

空间观念可以理解为数学抽象，抽象的东西不是具体的存在，而是抽象的存在。例如，我们看到水管，联想到了圆柱，离开了水管，脑子里还是有这样一个圆柱，基于这样的存在，就能画出一个圆柱，这样的存在就是抽象的存在。一维图形、二维图形和三维图形都是抽象出来的图形。对学生空间观念进行评价时要注意以下几点：

第一，收集学生的全面表现信息。除了考试，应考量学生平时作业完成情况、参与课堂教学时的反应等。同时，可以设计一些有关空间观念的主题活动，看看学生的参与情况和作品完成情况。对第一学段的学生，可以多些动手制作和上交作品；对第二学段的学生，可以引导他们用研究报告、小论文、海报制作等方式参与到活动中来。

第二，确保评分的可靠性和准确性。如果是测验，要重视试题的信度、效度、区分度和难度，并且要有明确的评分规则。评价的主体要客观，要严格执行评分标准。

第三，评价结果要关注学生的情感态度和价值观，主要包括：数学交流观点的运用和观察事物的热情与信心；愿意从不同的角度，尝试用不同的方法去解决问题；能体会数学对解决日常生活中的问题的价值；能欣赏图形和空间美。情感态度评价注重考查的是学生在不同阶段情感态度的状况和发生的变化，因此，对学生丰富的情感表现要及时描述并给予回应，努力促进学生数学情感的发展。

第三节　加强科组建设　提升核心素养

一、工作思路

以数学核心素养为中心，探索"让学引思"的课堂教学的新思路；以问题导学为抓手，不断提高课堂教学质量；以提升学生的数学素养为重点，大力加强对学生实践能力的培养；以教材为基础，开展系列竞赛，不断提高教师实施新课程的能力。引导广大教师认真学习教育教学理论，积极投身教学实践，转变教育教学观念，成长为有思想、有追求、有能力、有经验、有智慧、有作为的科研型教师。进一步突出课题的研究，推进课堂教学改革，促进学生全面、持续、和谐地发展。

二、工作重点

1. 扎实开展教研活动

不断更新优化教学研究方式，通过"骨干引路""自我反思""同伴协助""联片互动""专业扶持"等形式，在小学数学教师中广泛、深入、持久、扎实、有效地开展教研活动。将区域性教学研究、校本教研、日常性研究与实践、专题性集中研究等形式有机结合起来，逐步形成一种有效的教研机制。将专题性研究转化为常态下的研究，从而真实地影响学校及教师的日常生活，切实提升教师的理念和教育实践智慧。

2. 抓实集体备课工作

继续做好小学数学集体备课工作，加强过程管理，突出计划性、针对性与实效性。各学校要做到定时间、定地点、定主讲人，发挥集体智慧，提高备课质量。

3. 加大调研指导力度

对教学工作做到随机检查与集中视导相结合，通过听课、评课、讲座、问卷、教学常规检查、组织教师和学生座谈等形式，加强对教师上课、作业批改情况的检查和指导力度，加强教师课堂教学的深度探究，强化对学生思维习惯的培养。总结教学经验，发现和解决教学中的问题，推动教学研究的发展，提高教学质量。

4. 强化教师队伍建设

通过组织多种形式的学习，促使教师不断积累教学理论和学科理论，用先进的教育理念支撑基础教育课程改革的实施。引导教师树立终身学习的理念，为自身的可持续发展奠定基础，不断提升教师对职业价值的认识，形成自觉追求的意识。本学年将进一步加强小学数学骨干教师队伍建设，强化对骨干教师的培养，鼓励学科带头人、教学能手和优秀青年教师建立个人网页，发挥他们在全县小学数学教学中的示范带头作用，宣传推广他们成功的教学经验。

5. 认真组织教学竞赛工作

认真做好北师大版小学数学教材的教学竞赛工作，引导全体数学教师认真学习教材的本质内涵，了解教学竞赛的方向，在已取得成绩的基础上寻求新的突破。

三、工作措施

1. 重温课标，加强研究，扎实开展教材深度的研究

对于新版数学教材的教学，各校要重温数学课程标准，以新的教学理念为指导，做好教学实验操作工作。要重视改善学生的学习方式，努力提升学生自主学习的水平，培养学生的创新意识和实践能力。各小学要在教学常规管理，课堂教学的诊断与研究上下功夫，不断推动数学课堂教学的改革，提升教师的教学水平，促进学校数学教学特色的形成和教学质量的提高。

2. 立足课堂，追求高效，全面提高教学质量

课堂应该是学生焕发活力的地方，也有人说是学生出错的地方。因此，要以学生为主体，着力创设让学生动手实践、自主探索、合作交流的教学模式，让学生主动积极地进行观察、实验、猜测、验证、推理、交流等数学活动，感悟知识、经历过程、领会知识，使学生真正成为学习的主人，鼓励学生从数学的角度发现问题、提出问题、理解问题、解决问题，培养学生的实践能力、探索意识与创新意识。

（1）站在学生立场，促进多向交流。

一是在课堂教学过程中，教师要努力关注学生的思维特点，针对具体教学内容充分估计学生的思维可能性，巧妙地设置善意的"陷阱"，自然引发学生间的争辩，以深化和凸显学习过程。

二是在课堂教学过程中，为了鼓励全体学生显现不同层次的个性化思维，教师要经常适度引入开放性问题，让不同层次的学生展开个性化思维。开放性问题的答案不是唯一的，不同的学生常常会呈现不同的解题方式与水平。正是这种差异的存在，为学生大胆表达自己的观点和思维策略，为学生之间和师生之间的交流奠定了良好的基础。

三是在课堂教学过程中，教师要根据具体情况合理组织学生独立探索和合作交流，促进有效互动。一方面，保证学生有一定独立思考的时空；另一方面，恰当提供合作性任务，组织不同形式、不同级别的师生间、学生间、组与组间、小组与个人间的交流讨论，形成多元的、网络式的互动。

（2）引导体验探究，丰富教学资源。

一是学会倾听，在课堂中寻找动态教学资源。在教学中，教师要了解、把握学生的思维脉络与情感跳动节奏，特别注意在倾听时与学生"对话"的方式，善于运用善解人意的鼓励性语言、简洁明了的提示性语言、恰当精要的评价性语言，帮助学生清晰完整地表达，使信息充分呈现。有时，教师在倾听时为了不打断学生表达的思路，要更多地使用体态语的方式进行交流。

二是学会捕捉，促进教学资源的步步深化。课堂上，来自学生的信息，有的与教材学习内容紧密相关，有的间接相连，教师要准确判断，善于捕捉能展现学生独特思维和良好学习方法、开发学生潜能、推进课堂教学的信息，并加以"放大"，将其转化成新的教学资源。

三是适时点拨，引导学生自主探究体验。围绕教学目标，教师要对捕捉到的各类信息加以整合、重组，要"点"在需要时，"拨"在关键处，从而促进和引导学生进行自主探究体验。

（3）组织有效训练，提高训练质量。

记得一位数学家说过："学好数学的最好方法就是做数学。"所以说组织有效训练是学好数学至关重要的一环。首先，训练要有针对性。教师在组织训练之前一定要先了解学生的学习状况。根据不同的学生，在训练的容量、难度等方面分别提出不同的要求，做到各有所得，共同进步，让学生在学习数学的过程中，时常体验成功的喜悦，使他们主动参与，积极实践。其次，训练要多样化。一是习题类型多样化，二是训练方式多样化。让学生通过多样化的训练掌握知识，提高能力。

3. 创新机制，丰富内涵，努力提升教研水平

（1）开展专题研讨，服务课堂教学。

要大力开展专题研讨活动，把教学活动中遇到的一些热点、难点问题提炼成一个个小的课题进行研究。要把"立足点"放在解决教学的实际问题上，把"着眼点"放在理论与实践的结合上，把"切入点"放在不断改革教学方法上，把"生长点"放在改革创新的意识上。要让研究的成果真正为一线教学服务，为不断提高课堂教学效益服务。

（2）健全学习制度，加强理论学习。

要建立健全理论学习制度，认真组织好理论学习活动。要把学习的重点放在研读数学课程标准、数学课程标准解读以及有关小学数学教学方面的理论文章上。组织教师联系课改实践提出自己的想法和建议。通过读书汇报会、信息发布会、主题教育沙龙等活动提高学习的针对性与实效性。在教师中开展"读教育专著，做学者型教师"活动。

（3）发挥联盟作用，构建教研网络。

充分发挥联盟校的作用，通过构建片级、校级教研网络，整合各联盟的教学研究和培训资源，将教学中的问题转化为教研课题进行集体合作研究，并组织开展校际的教研和培训，使各联盟学校的教研活动相互协调、相互支持，达到共同发展和提高的目的。

4. 搭建平台，打造团队，促进教师专业成长

（1）搭建展示平台。

通过组织"升格课堂"展评、基本功展示、论文评比等活动，为教师搭建展示的平台，提供锻炼的机会，把广大数学教师吸引到教研活动中来，让教师由教研的"雇佣兵"逐步转变成"志愿兵"，让他们倾心教研，享受教研，让他们体会到职业的自尊、成功的欢乐。

（2）打造教研团队。

各校要成立小学数学学科教研团队，通过集体研讨学习、走出去观摩展示、定期撰写读书笔记以及沙龙研讨等方式，努力提升团队的凝聚力和成员的研究能力。通过举办校际的学科团队展示观摩活动，引领各校寻找到一条教师共同成长的途径。

5. 切中肯綮，智能并举，提升学生数学核心素养

数学核心素养，就是在人的先天生理的基础上，受后天环境、数学教育的影响，通过个体自身的实践和认识活动，所得到的数学知识、技能、能力、观念和品质的素养。具备数学素养，不仅表现为在数学考试中能解题，还应在日常生活中，时时处处表现出是个学过数学的人。数学素养是在长期的数学学习过程中逐步内化而成的，包括数学知识技能、数学思考、解决问题能力和数学观念品质。一个小学生的数学素养主要表现为：对数学学习充满兴趣；具有良好的数学意识；有比较扎实的数学基本功。培养学生的数学核心素养是数学教师应该解决好的一个重要问题。培养学生的数学核心素养要从学生的思想和态度入手，使学生主动地、积极地、有兴趣地学习数学，并在数学学习过程中养成良好的数学意识，在生活中感受数学的应用。只有这样学生才能很好地学习数学知识、掌握数学技能、解决数学问题、打好数学基础、提高数学素养。

（1）渗透数学思想，提升数学核心素养。

数学思想是对数学和它的对象、数学概念和数学方法的本质的认识。数学方法是解决数学问题的方法和策略。数学教学要在重视传授知识的同时，引导学生体会数学方法、感悟数学思想，这样才能使学生学会用数学思维、数学手段和数学方法去分析和解决数学中的具体问题以及其他的一些现实问题，这是数学教学追求的境界，也是数学教学的本质要求。数学思想和数学方法是数学知识在更高层次上的抽象和概括，蕴含在数学知识发生、发展和应用的过程中。数学思想方法的教学要由表及里、循序渐进，要在知识发生过程中渗透数学思想，要在问题的探索和解决过程中揭示数学思想，使学生从中掌握关于数学思想方法的知识，并把这些知识应用在后续的学习中，科学地获取数学知识。

（2）发展数学思维，提升数学核心素养。

课堂教学是师生之间、学生之间思维产生、变化、交流的活动。问题从思维开始，效益也来源于思维。思维是维系生态数学课堂教学效益的一个重要助推器。新课程实施以来，人们对课程的关注和热情远远超过对课堂上学生思维的关注。如果课堂上一味追求表面热闹繁华，可能会导致学生的思维得不到高层次的发展，只能是低水平的重复，学生容易养成虚华浮躁、夸夸其谈的不良习惯。发展学生数学思维首先要让学生学会倾听。倾听是对话的前提。教师在课堂上不仅要鼓励学生发言，还要培养学生倾听的习惯。倾听是学生成功学习的重要条件，教师也要学会倾听学生的发言，成为学生认真倾听的典范，引领学生学会学习，这样，课堂的语言才会变得丰富起来，全体学生的思维才能处于活跃状态，并且在教师的引领下逐步走向深入。首先，力求做到"静中求活"，让它成为课堂教学中的一种意境，让学生在这种意境中学会倾听，学会尊重，学会思维。其次，要让学生学会反思。反思活动对学生学会学习和培养自我调控的意识、能力都非常重要。教师要引导学生在与他人的比较中学会批判性反思，进一步验证数学知识产生的必要性和严谨性，要让学生静下心来，自觉养成反思的习惯。此外，教师还应引导学生关注、倾听他人对自己的评价，引导学生把评价与反思结合起来，从而使自己的思维更全面、更深刻。

（3）建立数学模型，提升数学核心素养。

学习数学的价值在于它能有效解决现实世界向我们提出的各种问题，而数学模型正是联系数学与现实世界的桥梁。因此数学学习不是一个被动接受的过程，而是一个积极主动解构、建构的过程。在解决问题之后，我们在更高层次上的要求就是把解决问题的过程抽象成数学模型，并加以巩固。小学数学里的数学模型实际上就是各种基本方法和数量关系的分类，但建立的数学模型不能僵化使用、矫揉造作、生搬硬套。

（4）唤醒问题意识，提升数学核心素养。

提出问题比解决问题更重要。波利亚说过，学习任何知识的最佳途径都是由自己去发现，因为这种发现理解最深，也最容易理解其中的内在规律、性质和联系。在教学中，教师要十分重视对学生发现问题和提出问题能力的培养，要尽可能地给学生提供发现和提出问题的机会，鼓励学生说出自己的想法，尤其是在每一节课的开始部分做好学习新知的准备和思维方法的铺垫，找准学生的"最近发展区"，给学生提供充分的感知素材，引发学生的认知冲突，提出讨论的问题，培养学生的问题意识。

第四节　实施有效校本研究
引领青年教师专业成长

　　近几年，由于我校教师队伍老龄化相当严重，教育局把新招聘的大学毕业生优先放在了我们学校，及时补充了一大批新鲜血液。引领这些青年教师专业成长成了学校迫在眉睫的任务。我校以实践与反思循环互动为基础，积极开展以常规工作、搭建平台、张扬个性、互动交流等为中心的校本研究，收到了良好的效果。

一、注重常规，引领青年教师专业成长

　　我校倡导"学习工作化，工作学习化"，整合教学、教研、培训等，从组织机制上连接教师的日常教学和教学研究，围绕课例研究，建立研讨型的教研常规，在日常的教学实践活动中不断提高教师的研究能力，同时让青年教师走上成长的"快车道"。

1. 集体备课

　　我校结合新教师所学专业把其安排到各级各科，要求各年段学科备课组每周定期开展集体备课，形成优势互补的学习共同体。学校统一安排每周一位教师主讲备课过程（先安排经验丰富的教师），其他教师给予补充，共同研讨课时计划，设计课堂教学，青年教师也参与其中，形成学习共同体。通过集体备课，促进其他教师反思、交流、互动、共享成果，也为青年教师的专业成长提供了有力保障。

2. 听课评课

我校要求全体教师端正教研态度，积极参与课前、课后的讨论交流，关注课堂教学的返璞归真、师生互动的展示过程、学习评价的激励包容，逐渐生成效果与特色兼具的常态课研讨风格，形成领导调研式、课题研讨式、同伴互动式、校际交流式和家校沟通式等听课制度。这是给青年教师前进的无形压力和动力。

3. 课例研讨

我校各学科研究组定期组织典型课例研讨，鼓励教师主动承担课例研讨任务。青年教师上岗一年后，在教研组组长和学科骨干教师的指导下，精心准备，认真施教。课例观摩后学校还组织教研组成员积极参与评价，共同研讨改进与完善课例的有效办法，以追求典型课例的最优化。这是让青年教师探索有效教学的关键性策略。

二、搭建平台，引领青年教师专业成长

青年教师的专业成长在不同阶段有着不同的关注点。要实现教师从经验型的成长向自主型的成长自觉转变，学校必须激发和满足教师专业发展的阶段性要求，为他们搭建平台、创造机会，使每个教师都有成功的机会。

对于新手青年教师，教学能力是学校关注的焦点。我校制订了《东石中心小学青年教师专业成长方案》，以撰写教学日记、随笔等教研形式为基本手段，通过理论学习、教学实践、师徒结对的方式帮助新手教师树立教育理念，提高师德素养，使他们潜心育人，提高教学实践、信息技术运用和教育教研能力，要求"一年合格，三年成骨干，五年成名师"。

对于熟手青年教师，有效完成教育教学任务是学校关注的焦点。因此，我校制定了针对骨干教师的培养制度，以课例研究、案例分析、自我反思的教材形式为基本手段，创设平台，提供机会，促使骨干教师刻苦钻研，求真务实，勇于创新，积极探索教育教学的新方法、新途径，不断形成自己的教学风格。

对于从教五年以上的青年教师，则鼓励他们向研究型教师转变。我校注重他们在教育研究和培养更年轻的青年教师中的带动辐射作用，要求他们以行动

研究、课题研究等科研形式为基本手段，致力于学校的研究，做好新一代青年教师的传、帮、带工作，促进这些研究型教师在研究中不断提升，在指导中不断深化。

三、张扬个性，引领青年教师专业成长

只有张扬教师的个性，才能使教师具备专业魅力，最终使学生和学校洋溢生命的灵动气息。为此，必须尊重教师对课堂的独特理解、对教材有创意的处理、对教材的自主选择，为教师的自我超越拓展空间，促进教师在教学实践中形成各具特色的教学个性，实现教师在团队中专业成长的自主性和多元性。

我校为每一个青年教师建立了专业成长档案，把教师的主动学习纳入常规工作来计划，每学年初引导教师深入反思自己的教育教学实践，使之明确专业发展目标，制订适合自身成长的学习与发展计划。学年末学校把每个教师自我发展的情况纳入教师专业成长评价的基本内容，鼓励青年教师通过反思来对自己的教学活动进行全程磨炼：教学前，反思教材编写意图、学生学习状况、课程资源、自己的教学风格和方法，从而设计符合实际、风格鲜明的教学方案；教学中，反思教学设计的不足，根据课堂的实际状况及时做出调整，让课堂焕发生命的活力；教学后，反思教学过程的成败和教学结果的有效性，生成应对的灵活性以及纠正完善的意向等。这些都记录在青年教师的成长档案里，让他们的成长有收获有快乐。

四、关注互动，引领青年教师专业成长

青年教师的理论学习和专业培训并非线性的、单向的活动，必须在领导、专家、能手和广大教师之间建立起民主平等的对话机制，形成浓厚、融洽的研讨氛围，使教师在多元互动中进行经验交流、思想碰撞、实践评价，不断进行自我反思和自我完善。

凡是国家、省、市、县有关课程改革实践的讲座或观摩课，我校都积极创造条件参加，为青年教师提供与名家对话、学习的机会，切实提高他们的理论素养，开展制度化活动，搭建交互性平台。近年来，学校的制度化活动有"教

师读书会""教师教改沙龙""教师的基本功竞赛""典型课例研讨""班级管理实践经验交流会"和"教研论坛"等。青年教师积极参与其中，在活动中进行实践评鉴、观摩学习，实现了青年教师之间学习和研究的交流与共享。

我校多年的实践证明，扎实有效的校本研修为青年教师的专业成长提供了摇篮，不仅能使他们走进不断改进教育实践的良性循环，同时使他们因成功而获得内在的成就感和满足感。

后 记

有爱　有梦　有担当

　　不知不觉，我已在自己最钟爱的教育事业中默默耕耘了20多年。回顾从教的20多年，如果要将专业成长归纳为两个字，在我看来，不是"规划"，不是"机会"，不是"努力"，而是"喜爱"，是一种对这一职业发自内心的喜爱。作为一名数学教师，表现出来的就是爱学生、爱数学、爱教育。我不敢说我有多爱这一职业，因为我不知道这里面是否有无可选择的无奈的成分，但是我肯定我很喜欢教数学，即使是20多年过去了，每一天我仍然期待与学生在数学课上的互动与交流。我庆幸有这份期待与喜爱，不能想象如果没有这样的情感我该如何度过这漫长的职业生涯。我也曾寻找这种"喜爱"的动力源在哪里。难道是因为学生在自己的课上有所收获便觉得这般有意义？在梅州市教研员高惠琴老师、正高级教师钟玉坤老师、县教研员黄惠娟老师给我的一些评价中，我似乎找到了答案。他们说在课堂上我与学生的互动是很有温度的，自然、和谐；是有深度的，老师不是在传授，而是在与学生对话；是有效度的，学生学得开心，老师也教得快乐。我仔细一想，其实我很多时候确实是抱着"和学生一起玩"的心态在上课的。试想，如果我们的上课不是在工作，而是在和学生玩，这得多让人期待和喜欢呀！

　　连续多年走出去观摩各级大赛，看着台上的参赛选手在激情澎湃中展示着自己的教育教学风采时，我心里逐渐萌生出了一个奢侈的念头：我能冲出梅州，站在省级的教育舞台上，面对着全省的同行，展示自己的教育教学风采吗？机会格外垂青有想法的人。2018年12月，我参加了广东省梅州市举行的课堂教学选拔赛，获得小学数学教学技能大赛暨优质课评比说课和现场教学双第一名，同时取得了代表梅州市参加2019年在东莞市举行的广东省第十一届小学数学优质课比赛的入场券——数年来的呕心沥血，终于叩响了通往省赛的神圣大门，获得了最高奖项，这是我教育的春天！我知道，这个梦想的实现是一个新的高度、一次全新的挑战，也是一个全新的开始。

　　成长的路上，离不开我个人的主观努力，更离不开指点我、帮助我、支持我的领导和同事——如果说我是优秀的，那么我背后的团队就是这优秀的源泉，我是站在团队这个巨人肩膀上的，我的成功凝聚着团队的智慧和汗水。所以，我载誉归来之际，也就是我回归团队、感恩团队、服务团队之时。2020年，我担任梅州市首届名师工作室的主持人，我要在继续追求自己专业发展之路的同时，肩负起一个新的使命——做一粒教学的火种，毫无保留地把自己的教育教学经验和教育教学技能与团队分享，把体会到的职业幸福感与团队分享，带动众多教师投身到学科研究之中，让更多的团队成员焕发出教育的光辉。

　　由于水平有限，时间有限，书中难免有不足之处，恳请各位专家、读者指正。

刘静娴

2020年12月